엄마의　　하늘에
일기가　　닿으면

일러두기

1. 이 책에서 인용한 '엄마의 일기'에서 섬마을 이웃들의 이름은 '가명'으로 바꾸었습니다.

2. 이 책에서 인용한 '엄마의 일기'는 가능한 일기장에 쓰인 글을 그대로 옮겨오려고 했습니다.

엄마의   하늘에
일기가   닿으면

글쓴이
이화정

신율

평생 기도하며 사랑해주신 아버지 이현주 집사님,
어머니 오순심 권사님께 이 책을 드립니다.

한 번 읽기 시작하자 도저히 멈출 수 없었다. 단숨에 읽어 내려갔다. 읽는 동안 가슴이 먹먹해졌다. 이 세상 모든 어머니가 자녀를 사랑하지만 일기에 담긴 어머니의 삶과 사랑과 기도는 하늘에 닿아 있기에 더욱 특별하게 다가왔다. 이 책은 부끄러움 없이 사셨던 어머니와 아버지를 본받아 믿음으로 살기를 다짐하며 세상을 향해 '코람데오하나님 앞에서'를 선포하는 저자의 선언문이다.

김석천 목사 | 런던행복한교회

이 책에서 인용한 어머니의 일기와 기도는 기품있고 정갈하다. 감정적이지도 채색지도 않은 무던한 기도가 이렇게 아름다울 수 있는가. 어머니의 일기에 담긴 간절한 기도는 고된 세상을 살아가는 어머니의 삶이었고 신앙이었다. 여리디여린 한 여인의 주님을 향한 진실한 마음이었다. 어머니의 오랜 기도는 고스란히 아들의 삶으로 응답되었다. 자녀를 위해 기도하는 모든 어머니와 아버지가 읽기를 권한다.

김만종 목사 | 프랑크푸르트우리교회

책을 읽으며 내 어릴 적 고향교회가 생각났습니다. 오직 하나님만 바라봤던 우리네 부모님, 집사님, 권사님, 장로님 그리고 무명의 그리스도인들의 눈물과 기도가 스쳐 지나갔습니다. 그 시절 믿음의 어른들에게서는 세상이 보이지 않았습니다. 십자가 앞의 예수님이 먼저 보이고 크게 보였습니다. 하지만 지금 우리에게는 세상 풍조가 더 크게 보입니다. 이 땅의 교회마다 하나님 앞에 꿇는 무릎이 필요한 시점입니다. 지금 교회에 꼭 필요한 책입니다. 현재의 부모님들이 다음세대에게 물려주어야 할 일기와 기도입니다. 이 땅의 교회마다 그 희망 가득했던 순수한 기도 손과 무릎들이 그립습니다. 이 책이 추운 겨울을 지나는 우리에게 봄바람을 선물해 주려나 봅니다.

김주헌 목사 | 북교동성결교회

원고를 잠시 훑어보려다가 시간 가는 줄 모르고 몰입해 읽었다.

읽는 중에 여러 번 울컥거리다가 아들 이야기에서 멈추어 한참 눈 감고 있었다. 감은 눈으로 뜨거운 눈물이 계속 흘러나왔다. 어머니의 일기를 읽는 중에 내 어머니의 음성이 들리는 듯했다. 어려웠던 시절의 추억들이 흑백 필름처럼 나의 뇌리 속에 지나갔다. 순박했던 시절, 하나님 외에는 희망이 없던 사람들의 이야기를 읽으며 덕지덕지 기름이 붙어 있는 나의 영혼을 보았다. 그 순수하고 소박한 믿음으로 돌아가게 해 주시기를 간절히 빌었다. 하나님은 여전히 그분의 일을 하시고 그분의 사람들을 부르신다는 사실에 감사드린다.

김영봉 목사 | 와싱톤사귐의교회

엄마의 일기를 읽고서야 비로소 엄마의 아들이 이해되었다. 이화정 목사는 내가 아는 한 세상에서 가장 미련하고 바보같이, 가장 어린아이같이 계산 없이 사는 목사다. 다 엄마의 기도 탓이다. 아니 덕분이다. 배 아파서 낳은 자식도 아니면서 모든 삭신 다 바쳐서 키웠고, 염전에서 죽어라 일해도 남는 것은 빚뿐이니 모든 진액 다 쏟아 하나님께 부탁했다. 그래서 아들은 엄마의 기도를 쏙 빼닮았다. 새삼 엄마가 보고 싶고 엄마의 기도가 그리워진다.

박대영 목사 | 광주소명교회

포항 바닷가 어느 찻집에서 이화정 목사에게 이 일기 얘기를 들었을 때 가슴이 뛰었다. 책을 내시라 강권했다. 책이 나오면 널리 소개하리라 생각했지만, 내 뛰는 가슴은 기다려주지 않았다. 당장 주일설교에서 이 엄마를 소개했고, 책이 나오길 기다리고 기다렸다. 책을 받아 들고 읽으면서 권하길 잘했다는 생각이 든다. 이화정 목사의 맑은 표정과 온화한 성품, 그리고 선한 열정이 어디서 왔는지 이해가 되었다. 이 아들은 엄마의 일기를 읽으면서 부모님의 시련과 고생이 이렇게 가혹했는지 몰랐다고 한다. 그리고 그런 혹독한 날들을 보내면서도 부모님이 보여주었던 행복한 얼굴이 이제야 이해가 된다고 말한다. 부모님의 삶을 지탱해 주었던 신비가 일기를 통해 아들에게 전달된 것이다. 이 책을 읽는 독자들에게도 이 일기가 등불이 되어 각자 자신의 삶에 허락하신 은총을 비추어 보게 되기를 바란다. 그 경험 역시 신비의 한 자락이라 말할 수 있으리라!

박영호 목사 | 포항제일교회

험한 시대를 살아온 우리네 부모님들은 비슷한 경험을 공유하고 계실 수 있다. 그러나 그 삶으로 들어가면 한 사람도 같지 않다. 어머니 오순심 권사님의 '30년 10,950일의 일기'를 목사이며 신학자인 아들이 편집했다. 한 여인이 걸어온 삶의 기록이 신학적 묵상이 되었다. "성북구 보문동 다리 밑에"라는 부분을 읽으며 가슴이 먹먹했다. 아들 이화정 목사님이 그렇게 훌륭한 목회자인 까닭을 이 책『엄마의 일기가 하늘에 닿으면』을 읽으면서 알게 되었다.

지형은 목사 | 말씀삶공동체 성락성결교회

예수님은 사선을 넘나드는 절박한 상황에서 십자가의 길을 따라오던 여인들을 향하여 "너와 네 자녀를 위해 울라"(눅23:28)고 말씀하신다. 예수님의 말씀처럼 이 책에서 어머니가 흘린 눈물의 힘은 그 어떤 힘보다 강하다. 어머니가 쓴 눈물의 일기는 섬마을 한 여인의 단순한 기도 일기가 아니다. 성장과 부흥의 자신감을 잃은 조국 교회에 희망의 빛을 전해주는 놀라운 일기다. 힘들고 고단한 삶을 살아야 했던 어머니는 꺾이지 않는 야성의 믿음으로 30년을 한결같이 살아낸다. 그 신앙의 열매는 자녀들에게 이어지고 이제는 교회를 살리는 대안으로까지 이어진다. 이 책을 읽으며 뭔가 마음 한편이 답답했던 나에게 주님께서 "바보야, 문제는 신앙의 야성이야!"라고 말씀하시는 듯하다.

이기용 목사 | 신길교회

이 책을 읽으며 어릴 적 졸린 눈을 비비며 엄마 손을 잡고 새벽 기도 나가던 기억이 떠올랐습니다. 무엇 하나 풍족한 것이 없던 그 시절을 살아낸 우리네 어머니들이 새벽마다 종을 울리고 새 벽을 깨우며 올리던 기도가 있었기에 지금의 대한민국과 오늘 의 우리가 있다는 것을 돌아볼 수 있었습니다. 우리 어머니들이 몸소 경험한 믿음은 삶의 지혜였습니다. 이 믿음은 배움의 정도 를 떠나 누구도 범접하지 못할 확신이었고 고단한 삶을 견뎌온 버팀목이었습니다.

어머니 오순심 권사님은 매일매일 일기를 쓰며 무슨 생각을 하 셨을까요? 혹시 한 가족의 소소한 역사가 하나님께서 베푸신 은 혜의 증거가 될 것이라고 일말의 기대라도 하셨을까요? 어머니 가 부르는 삶과 인생과 신앙의 노래에 아들 목사의 고백송과 며 느리와 손주들의 화답송으로 이어지는 것을 보며 세상 어떤 책보다 아름답게 느껴지는 것은 저만의 생각이 아닐 것입니다. 이 땅 우리네 어머니들이 흘리신 눈물이 곳곳에서 풍성한 열매로 맺혀 주님의 나라가 이 땅에 아름답게 임하기를 소망해 봅니다.

임석용 목사 | 대연성결교회

책을 단숨에 읽으며 몇 번이고 울컥하며 가슴이 아려왔습니다. 어머님의 삶은 척박하기만 하고 감당하기 힘들 정도로 버거운데 어떻게 30년간 쉼 없이 일기를 쓸 수 있단 말입니까? 어머님의 삶은 너무나 고달픈 삶이지만 날마다 기도하며 하나님과 동행합니다. 그렇게 하나님과 동행하는 삶은 어머님의 실존實存이 되었습니다. 그리고 결국 어머님의 기도는 모두 응답되었습니다. 아들과 며느리와 손주들이 기도의 열매입니다. 이 아름다운 열매를 보며 하나님을 찬양하지 않을 수 없습니다.

유승대 목사 | 은평성결교회

머나먼 땅에서 해외선교사로 사역하는 아들에게 가장 큰 힘은 무엇이었을까를 깊이 느낄 수 있는 이 한 권의 책이 한국교회에 선물 되었다. 30년! 길고도 긴 기도의 시간! 어머니의 기도의 눈물! 아들의 등 뒤에, 한국교회의 등 뒤에, 조국의 등 뒤에는 폭포수처럼 힘차게 흐르는 어머니의 기도가 버티고 있었다. 『엄마의 일기가 하늘에 닿으면』은 지속적인 기도의 힘과 능력이 부족한 지금의 우리에게 다시 한번 기도의 자리에 용기를 내어 가게 만드는 소망을 던져준다.

유임근 목사 | KOSTA 국제총무

키플링Rudyard Kipling은 "하나님은 모든 곳에 계실 수 없어서 대신 어머니를 만들었다."고 했다. 어머니를 통해 하나님의 사랑을 알 수 있고 느낄 수 있다는 말이다. 엄마의 일기는 독백이 아니라 하나님과 매일 일상에서 긴밀하게 나누는 대화의 기록이다. 로렌스Lawrence 수도사의 『하나님의 임재연습』을 읽는 것 같았다. 이런 엄마의 기도의 응답인 아들 목사가 이제 엄마의 일기장을 통해 자신이 어떻게 세워졌는지를 알게 되고, 더 이상 깊은 대화를 나눌 수 없는 엄마와의 영적 친교가 이어지고 있다. 믿음은 이렇게 실재 삶에서 증명되어야 한다. 신앙의 생활화를 위해 강력하게 추천하는 바이다.

한기채 목사 | 중앙성결교회

1996년 2월 21일. 후진하던 택시가 걸어가던 엄마를 덮쳤다. 이 사고로 엄마는 한쪽 다리 장애 판정을 받았다. 멀쩡했던 육신이 한순간에 무너졌다. 나는 오랫동안 엄마의 인생에서 가장 힘들고 어려운 시절이 이때가 아니었을까 싶었다. 엄마의 일기장을 발견하고 이때의 기록을 뒤졌다. 그리고 사고당한 날과 다음날 일기를 발견했다.

1996년 2월 22일 목요일

오늘 아침에도 우리를 도와주시고 인도하신 주님 감사합니다. 하나님 아버지, 오늘 아침에 식사하려고 받아놓고 보니 너무나 슬픈 생각이 들어요. 병원 신세를 지게 된 것 때문이 아니라 내가 무슨 잘못을 했는가 다시 한번 돌아보았기 때문입니다. 주님, 아버지. 이렇게라도 조금 다치게 하심을 감사합니다. 하나님 아버지, 링게루를 꼽고 또 주사를 맞고 약을 먹을 때마다 하나님 보기에 너무나 미안하군요. 주여 도우시고 인도하여 주세요. 하나님 아버지, 우리 가정에 시험 들지 않게 하여주세요.

엄마는 내 염려와 다르게 이 사건을 받아들이고 있었다. 우리 시대의 고난과 역경 속에 살아갔던 우리의 어머니, 아버지는 이렇게 신앙을 지켜갔던 것이다. 불평과 불만 그리고 원망을 쏟아낼 수도 있으련만 엄마는 이것 또한 자신의 죄와 부족함으로 인한 것이 아닌지를 먼저 돌아봤다. 그리고 진심으로 이만하길 다행이라 여기시며 감사 기도를 드렸다.

일제 강점기 우리 민족이 온통 어두운 시절을 살아가야만 했던 때, 독립운동가이고 교육가이며 기독교인이었던 김교신 선생님은 상황이 어려울수록 불평과 불만을 토로하려 하기보다는 하나님 앞에서 정숙하여 참 평안을 얻으라고 했다. 엄마가 김교신 선생님을 만났거나 『성서조선』을 읽었을 리 없다. 그런데 참 신기하게도 엄마의 삶은 꼭 김교신 선생님의 가르침을 닮아 있었다.

"위급한 때일수록, 허약함을 느끼는 때일수록, 여호와 하나님께 돌아와서 전죄(前罪)를 회개하고 안정(安定)을 얻을 것이요 불평을 토로하여 사람과 세상과 하나님을 저주하기보다 먼저 정숙(整肅)하며 침묵함으로서 대망(待望)의 자세를 취하고 섰어야 할 것이다. 이것이 신앙의 도의 강성의 비결이다. 천적(天的) 생애의 궤도이다." (김교신,『성서조선』)

평생 고생하며 신앙을 지켜온 자신이 어느 날 갑자기 지체 장애인이 된다는 것을 받아들여야 할 때 어떤 마음이 들었을까? 나는 이 사건이 평생 엄마를 따라다니며 괴롭혔다고 생각했다. 그러잖아도 힘든 일과 여기저기 불편했던 육체에 평생 지고 가야 할 고통이 더해지고 사람들의 낮잡아 보는 시선까지 감내하셔야 했으니 그 심정이 오죽했을까 싶었다.

하지만 엄마의 신앙은 고난과 고통 중에 정금처럼 단단해져 있었다. 이런 엄마의 신앙을 만나며 한편으로 감사한 마음이 들었다. 하지만 또 다른 한편으로는 엄마는 어떻게 이렇게 사셨을까? 어떻게 이렇게까지 하셨을까? 어떻게 이리도 고생하셨을까? 라는 안타까운 마음이 휘몰아쳤다.

이 책은 가난한 집으로 시집가 하루살이처럼 살아가던 한 여인이 교회 종소리를 듣고 교회를 찾아가고 하나님을 만나 살아갈 의미를 알게 된 1980년대부터 작성한 설교 노트와 1990년대부터 2020년까지 매일 밤 써 내려간 38권의 일기장에서부터 시작되었다. 그 일기장에는 하나님 없이는 살 희망이 없다는 고백과 매일이 죽을 만큼 힘들지만 죽음의 문턱에서도 하나님을 만나며 그것만으로 만족했던 삶이 담겨 있다.

1994년 5월 21일 토요일

오늘 새벽부터 날씨가 좋지 않아서 더 바쁘게 일했습니다. 아무리 바쁘게 일을 해도 우리 하나님께서 함께 하시면 무슨 일이든지 할 수 있으리라 믿습니다. 주님, 이 연약한 저희를 붙들어 주시옵소서. 도와주실 줄 믿습니다. 소금 작업하고 집으로 돌아오면 집안일을 해야 합니다. 주님 붙잡아 주시고 주안에 살게 하옵소서. 어려운 일이 자꾸만 생기고 시험 거리가 너무너무 많습니다. 우리 남편 이 집사님 주님과 더불어 살게 하옵소서. 우리 아들 이 전도사도 항상 지켜주시고 도와주시옵소서. 주님 뜻대로 살고저 원하는 하나님의 자녀가 되기를 원합니다. 예수님의 이름으로 기도합니다.

엄마는 신앙이 삶의 전부였고, 살아갈 이유였고, 꿈이고 희망이었다. 그런 엄마에게 믿음과 신앙과 말씀과 기도가 없었다면, 성령 하나님의 도우심이 없었다면, 살아갈 의미가 없어진다. 존재 이유가 사라진다. 엄마의 삶에 하나님이 없었다면 어땠을까? 생각만 해도 아찔하다. 엄마의 일기장에는 작은 시골 마을에서 만난 교회 공동체 분들이 함께 드렸던 예배, 서로를 위해 중보했던 기도, 함께 읽고 나눔을 했던 성경 묵상, 매일 하루를 시작하는 새벽기도 그리고 성경 필사와 통독이 가득 담겨있다. 고되고 힘들게 생업에 종사하면서도 복음을 전하고 한 영혼이라도 전도하려는 삶의 이야기들이 녹아있다. 그리스도인으로서의 사명과 소명을 붙잡고 살아가는 모습이 담겨있다. 교회를 향한 절절한 사랑이 가득하다. 엄마의 일기를 읽으며 그리스도인인 내가, 목회자인 내가 그리고 우리의 교회가 잃어버리고 잊힌 무언가를 다시 발견한 것 같았다. 내 심장이 두근거리고 가슴을 뛰게 하는 그 무언가를 다시 찾은 것 같았다.

2009년 11월 22일 주일

오늘은 주의 날입니다. 우리 하나님은 우리가 믿음 생활 잘하라고 이날을 주셨지요. 그래서 새벽기도 갔다 와서 9시에 교회 청소하러 갔습니다. 저는 구역장도 아닌데 왜 이렇게 신경쓰나 모르겠습니다. 교회 일이라 신경을 씁니다. 몸이 좋지 않아 농사일도 제대로 못 하는데 교회 일은 신경이 써집니다. 하루라도 한 시간이라도 주님의 일을 하고 싶어요.

2012년 7월 29일 주일

복된 날이지요. 귀한 주일날을 허락해 주시어서 감사

해요. 오늘은 십일조, 선교헌금, 건축헌금, 주일헌금 그리고 성미를 하나님께 바칠 수 있어서 감사했어요. 예배드리며 기도하는데 얼마나 눈물이 나오는지 모르겠어요. 며칠 전 남편에게 신경질 내며 저 먼지 히늘나라 갈 거라고 한 거 하나님 앞에 회개했어요.

2019년 2월 17일 주일
아침에 교회 가기 위해 얼마나 애를 썼는지 몰라요. 교회를 못 가면 죽을 것 같아요. 오전 예배 드리고 오후 예배도 드리고 월례회도 참석하고 돌아왔어요.

이름 없고 빛도 없는 삶이었던 분들. 아마도 우리 엄마의 일기장에 적힌 아무개 여인의 삶과 신앙이 이분들의 삶을 담아낸 것 아닌가 싶다. 아무도 알아주지 않고 알려고 하지 않는 투명인간 같은 인생 말이다. 그저 자신에게 주어진 고된 일상을 하나님 앞에서 그리고 이웃들 앞에서 치열하게 살아가며 척박한 이 땅에 복음의 씨앗을 뿌린 이들 말이다.

내 고향 전라남도 신안군에는 한국전쟁이 한창이던 1950

년, 교회를 지키려다 공산당에게 순교 당한 한국 교회 첫 여성 순교자 문준경 전도사님이 계신다. 전도사님은 가난한 자, 병든 자, 술꾼, 어린이, 아낙네를 무론 하고 누구든지 친구가 되어주고 위로해 주며 복음을 전하고 사랑을 나누었다. 전도사님은 섬마을 백사장에서 공산당의 총칼에 생을 마감해야 했지만 김준곤, 고훈, 이만신, 정태기 목사님등이 문준경 전도사님의 제자로 복음의 대를 이어갔다.

이렇듯 나는 엄마의 일기장에서 이 땅의 이름 없고 빛도 없는 수많은 이들을 만날 수 있었다. 그분들이 자신의 삶을 모두 바쳐 이 땅에 뿌린 복음의 씨앗을 발견하게 되었다. 그래서 지금 우리의 교회에서 찾아보기 힘든 '희망'이라는 단어를 발견할 수 있었다.

1995년 11월 7일 화요일

오늘 새벽에는 주님 앞에 구할 것이 많기에 기도하고 구했어요. 하나님 우리 남편 건강 주시고 주님 안에 살게 해 주세요. 그리고 물질의 축복 주시어 남의 빚 갚고 주의 일 하게 도와주세요. 남편은 오늘 박 집사님네 해태 작업하러 갔는데 막 대하고 무시해서 일하며 너무 서글펐다고 했어요. 남편이 너무 불쌍합니다. 건강한 여자라도 만났으면 이렇게 고생하지 않아도 될 텐데요. 제 육신이 원망스럽습니다. 우리 가정을 축복해 주세요.

1996년 9월 10일 화요일

느닷없이 당한 교통사고로 무릎 장애 판정을 받았습니다. 저는 억울하고 슬픕니다. 어느 누가 저에게 위로가 될까요. 사람이 살다가 이렇게 허무한 마음, 허무한 육신이 될 수 있습니까. 법원 손해사정 직원이 찾아왔어요. 저에게 장애 판정받아서 일을 못 하게 되었으니 사람 사서 일해야 먹고 살 수 있다고 했어요. 마음을 약하게 먹지 말라고 했어요. 주님 도우시고 인도하여 주시고 붙잡아 주세요. 나의 마음 누가 아오리까. 주께서 함께하여 주세요.

하나님은 우리를 너무 사랑하시고 지켜주시는 것 같
습니다. 하나님 아버지 우리 가정에서 주무시고 쉬어
가신다면 얼마나 좋을까요. 주님, 우리는 이 땅에서
하나님을 얼마나 부르다가 하나님 나라에 가게 될까
요. 언제나 주님 만날까 궁금합니다. 오늘은 비가 주
룩주룩 많이 와요. 제 마음속에 성령이 주룩주룩 비
내리듯 온다면 얼마나 좋을까요.

작은 섬마을의 이름 없는 한 여인의 삶에 예수 믿는 그리
스도인의 이야기가 모두 담겨있는 것만 같았다. 요즘은 찾아
보기 힘든 교회를 향한 희망의 이야기가 담겨있다. 그래서
나는 우리 엄마의 이야기가 아닌 이 땅에서 이름 없이 빛도
없이 하나님 앞에서 자신의 고된 삶을 기꺼이 감내하며 복음
의 씨앗을 뿌렸던 이들의 이야기를 해 보려고 한다.

엄마의 일기를 읽으며 참 많은 생각이 오고 갔다. 무엇보
다 설교하고 성경을 가르친다는 내가 그동안 도대체 무엇을
전하고 가르치고 있었던 것인지 뼈아프게 돌아보는 계기가

되었다. 그렇게 내가 잃어버리고 있던 이야기, 나에게 사라졌던 이야기를 찾아 우리의 신앙과 교회에 대한 이야기를 해 보려고 한다. 한국과 독일에서 목회하고 공부하며 고민했던 교회와 신앙에 대해 조금은 다른 관점의 이야기를 해 보려고 한다.

1부의 처음은 일기장에서 발견한 엄마의 삶에 대한 기록을 그대로 옮겼다. '엄마의 약력, 지나간 일'이라는 제목이 붙어 있고 1997년 8월 21 오전 11시 34분에 쓴 글이라고 적혀 있었다. 나도 전혀 몰랐던 엄마의 삶이었다. 나는 목포에 있던 중학교에 입학한 이후로 부모님과 떨어져 혼자 자취 생활을 이어갔다. 그러니 부모님이 어떤 마음으로 어떻게 살아갔는지 제대로 알지 못했다. 부모 자식이 가까운 것 같지만 자식은 부모가 어찌 살았는지 남보다 더 모르고 살아가게 되는 것만 같다. 1997년이면 엄마의 연세가 지금의 나와 비슷하다. 나와 비슷한 연배의 엄마가 살아 내고 살아가야 할 삶이라는 게 참 가혹했다는 생각이 들었다. 그렇게 엄마의 일기장을 처음 발견한 순간부터 엄마의 일기에 담긴 아들을 향한 마음 그리고 그 일기를 읽으며 새롭게 솟아난 아들의 소망과 고백을 담았다.

2부는 엄마의 일기를 읽으며 신앙인이며 목회자인 내가 잊고 있었던 믿음과 신앙과 교회에 대한 이야기를 정리해 보았다. 신앙인의 가난과 고난, 무명의 그리스도인이 드리는 기도, 복음 전도, 믿음의 씨앗, 믿음의 유산과 같은 이야기들이다. 단지 우리 엄마의 이야기를 하려는 것은 아니다. 아무도 모르고 그 누구도 알려고 하지 않았던 땅끝 작은 섬마을에서 이름도 없이 빛도 없이 살아갔던 무명의 그리스도인이 심었던 복음의 씨앗이 민들레 홀씨처럼 이 땅에 퍼져 나갔던 이야기를 해 보려는 것이다.

3부는 엄마의 일기와 기도가 하늘에 닿으면 어떤 일이 일어나는지에 관한 내용이다. 아들과 며느리와 손자의 고백이 담긴 부모님께 드리는 편지다. 이 글을 쓰는 현재 부모님 모두 치매와 장애와 질병으로 요양병원에 누워 콧줄로 식사를 하며 지내신다. 정상적인 대화가 불가능한 상황이다. 부모님의 정신이 온전하지 않을 때 우연히 발견한 엄마의 일기를 읽으며 알게 된 부모님의 삶과 신앙과 믿음의 유산이 아들을 지나 손주들에게까지 어떻게 전해졌는지 부모님께 꼭 말씀

드리고 싶었다. 본인들이 헌신하고 자신의 삶을 깎고 나누어 주어서 자식과 손주들이 얼마나 큰 믿음의 유산을 받았는지를 나누고 싶었다.

룻기는 사사기의 암울한 시대에서 사무엘서의 희망의 시대로 넘어가는 사이에 있는 무명의 여인들의 이야기다. 무명의 여인들이 고난과 고난이 닥쳐 텅 빈 삶 앞에서 좌절하거나 절망으로 인생을 끝내지 않고 하나님을 의지하며 희망을 찾아간다. 작은 '소우주'에 불과한 이야기지만 '대우주'를 담아내고 있다.

시대와 교회에 대한 고민은 깊어만 간다. 사사기 시절만큼 어둡기도 하다. 그래서 우리는 상황을 역전 시킬 수 있는 담론을 찾으려고 무던히 노력한다. 하지만 '대우주', '메가트랜드'는 우리 몫이 아닐지도 모른다. 오히려 '소우주', 내 곁의 가족과 이웃들과 함께 하나님께로 향하는 마음을 가다듬는 것이 우리의 몫일지도 모른다. 이름 모를 무명의 그리스도인과 그들이 무릎 꿇고 간구했던 기도 그리고 말씀대로 살아 내려 했던 순수한 믿음으로 돌아가는 것 말이다.

못난 아들의 부족함 때문에 우리 시대의 부모님들이 지

켜왔던 믿음이 가려질까 염려되었다. 하지만 엄마의 일기는 그 누구에게 보여주기 위해 쓴 글이 아니라 하나님 앞에서 단독자로 서기 위해 몸부림쳤던 글이기에 이 힘을 믿었다. 30년간 10,000일이 넘게 매일 저녁 하나님 앞에서 기도하며 일기를 써 내려간 글의 힘을 믿었다. 그래서 교회가 생명을 살리고 사람을 살리는 세상 그 어디에서도 만날 수 없는 치유와 회복의 공동체로 돌아가는 길에 작은 도움이 되기를 소망해 본다.

마지막으로 엄마의 일기를 정리하며 내가 속한 성결교회의 어른이신 이명직 목사님이 1924년 『활천』에 기고한 "은혜기"의 한 대목이 생각났다. 엄마의 기도처럼 그리고 우리 교단의 선배이신 이명직 목사님의 바람처럼 꼭 좋은 목회자가 되겠노라 다짐해 본다.

"주께서 이때에 나에게 기도할 처소도 가르쳐 주시고 기도의 문제도 가르쳐 주셨다. 기도할 처소는 멀지 않고 기도의 문제는 복잡하지도 않고 필경은 자기에게로 돌아오고 말았다. 전에는 기도할 때에 학원, 선교회, 교사, 학생, 모든 교회

등 문제가 매우 많고 복잡하였다. 그러나 이제는 단순하게 자기에게만 돌아오게 되었다. 오직 성결을 실험하기를 결심하였다. 골방 문을 닫고 주를 붙잡고 씨름하기를 시작하였다. 많은 말을 하지 아니하였다. 나에게 성결을 주시든지 사명을 거두어 가든지 하소서. 나는 주의 뜻을 이루는 교역자 되기를 원할 뿐이외다. 일일야(一日夜)를 새이며 별로 신기한 일이 없고 이일야(二日夜)를 새이되 응답이 없었다. 그러나 주의 성언(聖言)은 거짓이 없는 것을 믿고 다만 언약만 붙잡고 제삼일야(第三日夜)에도 여전히 기도하는 중 할렐루야! 주의 음성이 임하였다. 그의 거룩하심을 보게 되었다."

차례

엄마의 일기장

엄마의 약력, 지나간 일

저오순심는 1945년 음력 5월 26일 양력 7월 5일 전라남도 신안군 팔금면에 딸린 작은 섬 매도梅島에서 태어나서 팔금 초등학교를 졸업했어요. 그리고 24살 때 전남 신안군 안좌도에 살던 이현주씨와 결혼했고요. 목포에서 결혼식하고 그날로 여객선을 타고 시집으로 갔어요. 그런데 변변한 방 하나 없는 집이었어요. 그래서 큰동서네 집에서 거의 1년을 살았어요. 그렇다고 시집에서 살 수도 없었어요. 시어머니하고 시누이하고 삼촌하고 살았는데 방이 한 칸밖에 없었기 때문이에요. 우리 막내 삼촌이 여섯 살 먹고 어렸기 때문에 우리가 목욕도 다 시켰지만, 그때 상황에는 우리가 함께 살기에는 너무 어려웠어요. 그리 저리 1년 남짓 살았지만 여의치 않았어요. 그래서 목포로 나가 살 궁리를 했어요. 목포에 살면서 제가 태어난 매도의 친정집도 오고 가며 우리 부부는 친정 아빠가 하시는 염전에서 일했어요. 그렇게 몇 년을 목포와 친정집을 오갔지만, 친정에서도 더는 못 살겠더군요. 그래서 누구 소개로 경기도 평택이 좋다고 해서 우리 남편과 저는 그때 돈 팔천 원을 가지고 집을 떠나니 우리 어머니하고 아버지하고 부두 끝에 나와서 얼마나 울었는지요. 우리 아버지 엄마가 눈병이 나도록 울었어요. 정처 없이 어디로 간다는 말이냐며 울었어요.

섬에서 평택으로

우리는 돈 팔천 원 가지고 평택으로 가는 배를 타고, 또 열차를 갈아타고 평택에 도착하니 수중에 이천 원이 남았어요. 그런데 날은 저물고 갈 곳은 없었어요. 길거리에서 잠을 잘 수도 없고 여인숙을 가자니 밥 먹을 돈도 없어서 캄캄한 밤에 이집 저집 방을 얻으러 다녔어요. 경기도 평택이란 꿈에도 상상치 못한 곳에 가서 밤늦게 사람을 깨워가며 달방_{보증금 없이 달마다 먼저 돈을 내는 방}있냐고 물어보았어요. 그랬더니 한 아저씨가 알아봐 주겠다고 하셨어요. 그분이 너무 감사했어요. 아저씨가 알아봐 준 방을 보니 정말 운동장 같은 방이었어요. 평택은 시골과 도시가 섞여 있었어요. 그래서 우리가 알아본 방은 장작으로 불 때는 방이었어요. 그래도 얼마나 감사했는지 몰라요. 하지만 우리는 돈이 이천 원밖에 없어서 한 달 방값을 다 주지 못한다고 사정하고 벌어서 주겠다고 했더니 주인이 그러라고 했어요. 그래서 그 돈 가지고 보리쌀과 쌀을 섞어 종이 포대에 담아서 10kg에 얼마였든가 그것 한 포대 사고 왜간장 한 병 사니 돈이 다 떨어졌어요. 그런데 거기서 자고 깨어보니 그래도 부엌에 연탄 아궁이도 있고 장작불 때는 곳도 있었어요. 그러나 일자리를 구하려고 보니 너무너무 어려웠어요.

맨손으로 시작한 평택살이

섬에서 출발할 때는 벼가 노랗게 익었었는데 평택에 도착해 보니 벼가 익지 않아서 타작하기는 아직도 멀어 보였어요. 일을 못 하면 쌀이 떨어져서 어쩌나 하던 중에 어떤 아저씨가 오셨어요. 동네 이장이라고 하셨어요. 먹을 것이 없으면 자기 논에 피가 너무 많이 있으니 논에 가서 피를 뽑으면 삼천 오백 원을 주겠다고 했어요. 그것도 감사해서 우리는 그

멀고 먼 들판을 주인을 따라갔어요. 가서 보니 논이 바다만 했는데 피가 벼보다 더 많은 것 같았어요. 일도 해 보지 않은 저는 눈앞이 캄캄했어요. 그래도 이것을 하지 않으면 굶어 죽고 잠자리도 없겠다는 생각으로 논에 들어갔어요. 벼는 추수를 앞두고 있어서 턱밑에 닿는 것 같았어요. 우리는 논에 있는 피를 칼과 낫으로 얼마나 열심히 뽑았는지 몰라요. 그러다 우리 남편이 연탄불 때문에 집에 다녀온다고 했어요. 가보니 연탄불이 꺼져 있었어요. 그래서 새 연탄에 불을 붙이고 거기다 라면 하나를 끓여 들고 왔어요. 그 먼 길을 반찬도 못 들고 라면 냄비 하나 들고 논 있는 곳으로 걸어오는 남편의 모습을 보며, 저를 먹이려고 남들 신경 쓰지 않고 냄비 들고 먼 길을 걸어오는 모습에 너무 감사했지요. 라면은 먹기 힘들 정도로 퍼져 있었어요. 그래도 배가 고파 논두렁에 앉아서 퍼진 라면이라도 먹고 나니 살 것 같았어요. 목구멍이 포도청이라고 먹지 않으면 살 수가 없더군요. 그리고 다시 논에 들어가 얼마나 애썼는지 해 질 무렵까지 그 큰 논에 있는 피를 다 뽑고 오니 주인이 깜짝 놀라더군요. 그 많은 것을 다 했냐고 고맙다고 했어요. 우리는 일한 대가로 삼천 오백 원을 받았고 부자가 부럽지 않았어요.

땔나무

우리 남편은 안집 주인아저씨와 멀리까지 그 집 나무하러 다녔어요. 저는 어느 날 동네 아줌마들이 땔 나무하러 가자고 해서 보니 이불보를 가지고 나무를 하러 가드라고요. 그래서 저도 무슨 보자기 하나하고 갈퀴하고 가지고 따라 갔어요. 돈은 없으니 부지런히 나무를 해 와서 아궁이에 불 때야지 하고 멀리까지 따라가서 산 아래서 나무를 모았어요. 처음이라 아무것도 모르고 열심히 나무를 모으고 있는데 어디서 어떤 아저씨가 소리치며 쫓아왔어요. 그런데 함께 간 아줌마들은 산 주인이라는 것을 알고 벌써 도망쳤는데, 저는 아무것도 몰랐기 때문에 산 주인한테 잡혀서 열심히 해놓은 나무를 다 뺏겼어요. 산 주인은 정말 무서웠어요. 저는 처음이라 아무것도 몰랐고, 추운데 땔나무가 없어서 조금만 가져가겠다고 했지만 산 주인은 들으려 하지 않고 나무를 다 가져갔어요. 그래서 빈손으로 돌아오다가 조금씩 주워 보자기에 싸서 돌아왔어요. 남편도 제 이야기를 듣고 많이 놀랐어요. 우리가 매일 그런 날을 보내다 보니 틈날 때마다 쉬지 않고 나무를 해서 무척 많이 쌓아 두고 가을 추수를 하기 시작했어요.

서러운 평택 살이

하루는 누가 자기네 논 세 마지기를 도급으로 준다고 하기에 한다고 했어요. 그런데 늦가을이라 날이 추웠어요. 하루는 벼를 베러 가니 벼가 허벅지까지 찼어요. 베어놓고 보니 그것을 다 묶어서 논두렁에 정리해야 하는데 눈앞이 캄캄했어요. 이것을 어떻게 하나 싶었어요. 어쩌다가 가진 것 없는 남편을 만나 이렇게 고생하나 중매한 큰집 동서가 원망스러웠지만 제가 아니면 저 남편을 누가 구하겠나 싶었어요. 다시 마음을 잡고 양말을 신고 장갑을 끼고 논으로 들어가니 추운 날씨에 얼음이 서글서글했어요. 그러나 베어놨으니 어떻게 하든지 이것을 묶어서 논두렁으로 내어놓아야 돈을 받을 수 있어서 하는 수 없었어요. 발이 시려 눈물이 쏟아졌어요. 그런데 열심히 일하다 보니 발의 감각이 다 사라졌어요. 발이 시린 건지도 모르겠고, 발이 어디 닿는지도 모르겠더군요. 저는 벤 벼를 논두렁에 옮겨놓기 위해 얼마나 애를 썼는지 점심도 먹지 않고 일했어요. 그러다 보니 날이 어두워졌어요. 그래도 내일은 더 춥다는 말에 하던 일을 끝까지 했어요. 그리고 논두렁에 나와서 신발을 신으려고 젖은 양말을 벗으려고 하니 발이 붓고 손이 부어서 양말과 장갑이 벗겨지지 않았어요. 그래서 거기 혼자서 주저앉아 얼마나 울었는지 몰라요. 친정에서는 밥도 해 보지 않고 컸는데 이게 무슨 날벼락인가 싶어 한없이 서러웠어요. 어머니 아버지가 많이 보고 싶었어요. 저녁 늦게 집으로 돌아왔는데 시계가 없어 정확하진 않지만 제 생각에 9시가 좀 넘었던 것 같아요. 그런데 우리 남편은 안집 아저씨와 나락 턴다고 하면서 경운기 타고 다른 곳으로 나락 털러 가서 저 혼자 이 모든 일을 해야 했어요. 일이 힘들 때마다 남편이 빨리 돌아오기를 얼마나 기다렸는지 몰라요.

손가락 잘린 남편

그렇게 며칠이 지났는데 남편이 벼 타작한다고 안집 아저씨 경운기 타고 갔는데 저녁 늦게까지 돌아오지 않아서 한참 기다리니 밖에서 "있는가" 하고 남편이 저를 불렀어요. 문을 열어보니 수건으로 싼 손이 피투성이가 되어서 돌아왔어요. 깜짝 놀랐어요. 피를 많이 흘린 모습을 보고 저는 기절할 뻔했어요. 많이 놀랐지만 진정하고 물어보았더니 경운기 시동 핸들에 장갑이 끌려들어 가면서 손가락이 끼어 뼈가 부서지는 사고가 났고, 평택 병원에 갔는데 부서진 손가락을 잘라내는 수술을 받았다고요. 그런데 병원에서 받아온 약이 하루분이었고 매일 치료받으러 오라고 했는데 병원비가 있어야 가지요. 우리 형편은 너무나 어처구니없이 가난했어요. 병원을 가지 못하는 사정을 듣고 어떤 아줌마가 우리를 찾아오셨어요. 평택은 미군 부대가 있고 비행장이 있었어요. 그래서 그 부대에 다니는 남편이 있는 아줌마가 약을 가지고 와서 우리 남편 손가락을 치료해 주었어요. 그 아줌마는 전라남도 신안의 비금도가 친정이라고 하면서 약도 주고 치료도 해 주었어요. 병원은 손가락 자르고 와서 한 번도 가지 못하고 아줌마가 주는 약으로만 치료했어요. 남편은 사고 난 지 한달 만에 그 손으로 벼를 베러 다녔어요. 그런데 저녁에 와서 보면 그 손가락 끝에서 피가 나고 했어요. 그래도 그 아픔을 이기며 돈을 벌겠다고 하더군요. 너무 보기에 안타까웠어요.

서울에서 얻은 아들

타작이 끝나자 서울에서 오라는 사람이 있었어요. 그동안 모아놓은 돈을 꺼내 보니 이만 몇천 원이었고, 쌀은 두 가마가 넘었어요. 그래서 그것을 계산하고 보니 하루에 품삯이 팔백 원이었는데 이걸 열심히 모은 돈이 이만 원이 더 되었어요. 그래서 그것을 가지고 서울에 가서 쌀을 사 먹으면서 사글셋방을 얻어 살면서 직장을 잡으려고 했으나 어려웠어요. 그리고 서울에서 한 달 정도 살면서 우리 화정이를 낳아 너무 감사했어요. 남이 임신해서 배불러서 다니면 저는 얼마나 부러웠는지 아무리 바쁘게 길을 가다가도 임신한 사람을 보면 서서 돌아보았어요. 이 마음은 누구도 알 수 없을 거예요. 그런데 우리 하나님께서는 그것을 보고 얼마나 처량했으

면 얼마나 안타까웠으면 우리에게 화정이를 보내주었나 생
각하며 한없이 감사했어요. 그래서 아이를 솜털 속에 감추어
놓고, 땅에 놓아보지 않을 만큼 귀하게 키웠어요. 하지만 우
리 살림은 넉넉지 못했어요. 화정이 아빠가 하루 벌어서 하
루 먹고 살면서 화정이 우유 오백원짜리 사다 주던 건 기억
조차 하기 싫어요. 그래도 화정이에게 우유를 먹일 수 있고,
잘 먹고 잘 자라는 모습을 보며 진심으로 감사했어요.

우상 그리고 잠투정

화정이가 우리에게 온지 3일 만에 아이가 잘 자라라고 부
적을 담은 상자를 들여놨어요. 그때만 해도 하나님을 몰랐기
때문에 우상을 섬겼지요. 지금 생각해 보면 그때부터 화정이
가 울기 시작했어요. 매일 밤 10시만 되면 울기 시작해 새벽
이 되어도 잠을 안 잤어요. 화정이 아빠가 낮에 그렇게 힘들
게 일하시고 돌아와 화정이를 업고 몇 시간 봐주면 저는 그
때 잠시 잠을 좀 잤어요. 그리고 일어나 화정이를 업고 밤새
잠을 못 잤어요. 그리고 차비를 아끼기 위해 잠시 잠을 자던

화정이 아빠가 일어나 새벽부터 일터로 걸어 나갑니다. 그러면 우리 화정이는 그때부터 이리저리 끌고 다녀도 세상모르고 잠이 듭니다. 우상이란 그렇게 무섭고 더러웠어요. 그것뿐만이 아니었어요. 그렇게 울던 아이 때문에 안집 할머니가 부정이 끼어서 그렇다고 마포 헝겊하고 고춧가루하고 연탄재하고 갖다 놓고 일곱 이레를 보내고 마지막 날 두 손 모아 빌더군요. 그런데 그것도 저것도 소용없었어요. 화정이 울음은 그치지 않고 더해만 갔어요. 하루 이틀 시간이 지나 백일이 되었어요. 백일잔치를 해주고 싶었는데 아이가 너무 아팠어요. 어쩐지 무슨 날만 되면 아이가 더 많이 아파요. 백일날, 생일날, 돌이 되어서 상을 차리려고 장만 보아다 놓으면 그렇게 아팠어요. 그래서 백일잔치, 돌잔치뿐 아니라 생일상도 차려보지 못했어요. 이제 생각하면 우상을 섬기지 말라고 하나님께서 그렇게 하셨던 것 같아요.

서울을 떠나 동두천으로

서울살이가 여의치 않아 경기도 화천면 양주군으로 이

사해 몇 년 살다가 다시 경기도 동두천으로 이사했어요. 그래도 동두천에는 아는 분들이 있어서 다른 곳보다 살기 괜찮았어요. 우리는 동두천에서 만난 주인집 식구들과 서로 정답게 살았어요. 뒷집에 돼지라는 별명의 화정이 친구가 있었어요. 그런데 화정이가 돼지네 집에서 놀다 보면 밥때가 되고, 그러면 돼지 아빠가 밥상을 차려와 화정이에게도 먹으라고 했어요. 우리 화정이는 집에서 좋아하는 반찬에 밥을 먹여도 안 먹으면서 남의 집에 가면 간장에 밥을 주어도 잘 먹었어요.

그러던 어느 날 나병환자촌을 갔어요. 그 사람들 약이 좋다고 해서 우리 화정이를 데리고 갔는데 마침 점심 식사 때였어요. 그 사람들은 나병에 걸린 후 나은 사람들이었어요. 그렇지만 손발이 우그러지는 상처는 그대로 있었어요. 마침 점심 식사 때라 그 집 식구들이 식사하는데 화정이를 보며 밥을 좀 먹으라고 했어요. 저는 우리 화정이를 꼬집어 뜯으며 눈짓으로 말렸어요. 그런데 소용이 없어요. 화정이는 어서 밥을 달라고 했어요. 저는 너무 걱정스러웠어요. 나병 환자들하고 같이 밥을 먹으면 혹시나 무슨 일이 생기면 어쩌나 걱정되었어요. 그 집 며느리는 약사였어요. 젊은 며느리가 화정이에게 밥을 먹으라고 밥그릇을 가져다주었어요. 그 집은 양계장도 크게 했어요. 계란 후라이를 해다 주면서 먹으라고 했어요. 밥을 다 먹고 계란을 두 판이나 주었어요. 그런데 계란을 집으로 가져오기 싫었어요. 못된 생각이 들었어요. 그러나 제가 축농증이 있어서 코에서 이상한 냄새가 계속 났는데 거기서 약을 지어 먹고는 냄새가 없어졌어요. 고마운 사람들이었는데 지금 생각해 보면 정말 부끄럽고 미안하네요.

다시 섬으로

아무리 열심히 노력해도 가난에서 벗어날 수 없었어요. 그래서 화정이가 2학년 때 우리 가족은 다시 신안 섬으로 돌아왔어요. 7월 한여름에 그 많은 짐을 가지고 이사를 내려가서 목포 부두에 짐을 풀어놓았어요. 그때만 해도 목포에서 섬으로 들어가려면 조그마한 객선이나 작은 고깃배를 타고 가야 했어요. 그래서 이 많은 짐을 싣고 갈 수가 없었어요. 그래서 항구에서 이삿짐을 싣고갈 배를 알아보았는데 마침 병원에서 사망하신 분을 모시기 위해 섬으로 가는 소금 싣는 큰 배가 있어서 그 배에 이삿짐을 싣고 갈 수 있었어요. 아버지는 송장 실은 배에 이삿짐을 실으면 재수가 좋다고 하셨어요. 우리는 오래된 집에 짐을 다 옮겼지만 세 식구가 살기 어려워 집을 다시 짓기로 했어요. 오래된 집을 다시 지으며 여름을 보내느라 얼마나 고생했는지 몰라요. 아버지와 함께 우리 부부는 지게를 지고, 머리에 이고 지어 가며 모래나 돌 같은 집 지을 재료를 나르며 직접 집을 지었어요. 집 짓는 데 시간이 오래 걸렸어요. 그래서 추석이 다 되었어요. 부엌문도 달지 못했는데 비가 와서 날이 추워졌어요. 그래서 연탄불을 넣고 잠시 잠이 들었어요. 잠을 자다 화장실에 가려고 일어났는데 부엌에서 그만 쓰러졌어요. 죽을 것 같이 머리가 아프고 구토를 하고 정신을 잃었어요. 다행히 우리 남편과 화정이는 저보다는 덜 했어요. 이웃분들의 도움으로 다행히 정신을 차렸어요. 그 뒤로도 몇 번이나 연탄가스를 마셔서 큰일이 날 뻔했어요. 어린 화정이도 연탄가스를 마시고 죽을 고비를 넘겼어요. 그래도 친정이 가까이 있으니 문제가 생기면 아버지와 어머니가 달려와 큰 도움을 받았어요.

김 양식 그리고 늘어만 가는 빚

이사한 그해부터 김 양식을 시작했어요. 처음에는 이웃 세 집과 함께했어요. 그래서 양이 조금이라 큰 빚은 지지 않았어요. 그런데 그다음 해부터는 독립해서 김 양식을 하게 되었어요. 그런데 문제가 생겼어요. 우리 부부는 도저히 배를 탈 수가 없었어요. 배만 타면 똥물까지 다 토했고 바다에 있는 김 양식장에 도착하면 도무지 일할 수가 없었어요. 그래서 사람을 써 보기도 했지만, 도저히 돈 줄 형편이 되지 못했어요. 어렵게 사람을 불러도 그날은 비가 오고 바람이 많이 불어 돈 주고 밥 주고 일은 못 하는 날이 많았어요. 김 양식은 우리 가정에 아무런 도움을 주지 못했어요. 오히려 빚만 늘어갔어요. 김 양식은 잘 안 되고 빚은 늘어 가는데 바람이 불어 김이 바다에 다 떨어져 나갔어요. 우리 부부는 잠을 잘 수가 없어서 얼마나 많은 밤을 지새웠는지 몰라요. 이렇게 해보아도 소용없고 저렇게 해보아도 소용없었어요. 어쩌면 좋냐고 원통해 해도 소용없었어요. 우리 화정이 아빠하고 눈물로 보내는 날이 늘어만 갔어요. 이렇게 몇 년이 지나며 결국 우리 가정은 부도가 났어요. 설상가상으로 저는 몸이 점점 약해지고 아픈 곳이 늘어갔어요.

첫 교회 출석

섬으로 돌아온 지 3~4년 정도 지난 때였어요. 하루는 한
약방에 다녀오는데 마침 면사무소와 가까운 당고리 교회에
서 종이 울렸어요. 그 종소리를 듣던 우리 화정이 아빠가 저
한테 교회에 가보자고 했어요. 지푸라기라도 잡고 싶은 마음
이었던 것 같아요. 그래서 매도에 계시는 우리 어머니하고
화정이 아빠하고 저하고 화정이하고 교회로 들어갔어요. 교
회에 계시던 최 전도사님이 우리를 데리고 사택 방으로 들
어가시더니 고맙다고 손을 꼭꼭 잡아 주셨어요. 그리고 예
배를 시작하여 말씀을 듣고 집으로 돌아와 보니 1984년 8월
26일 주일이었어요. 그날부터 우리는 교회에 등록했고 주일
마다 교회에 나가 예배를 드렸어요. 우리 세 식구는 그때부
터 비가 오고 눈이 오고 바람이 불어도 교회에 나갔어요. 우
리집이 있는 섬마을에서 교회가 있는 곳으로 가려면 섬 사이
를 건너야 했어요. 몇백 미터가 되는 거리에 돌 징검다리가

놓여있었어요. 밀물과 썰물의 시기가 맞아야 건널 수 있었어요. 밀물이 들어오면 양말 벗고 물을 건너갔고, 아무리 추운 겨울에도 추위와 상관없이 늘 주님 앞에 나가서 예배드리러 갔어요. 집에서 교회까지 빨리 걸어도 1시간 넘게 걸리는 거리였어요. 교회 가는 길은 사나워서 비가 오면 장화 신지 않고는 다닐 수 없는 길이었어요. 그 길을 어린 화정이를 데리고 다녔어요. 그래서 멀고 험한 길이라 혼자 교회 학교를 보낼 수 없어서 어른 예배를 함께 드렸어요. 그런데 그 어린 화정이가 전도사님이 하나님 말씀 전하면 "아멘" 소리를 그렇게 잘했어요. 그러면 집사님들이 다 웃고 지가 무엇을 안다고 저렇게 "아멘, 아멘"하는지 모르겠다고 했어요. 부흥 집회 때 강사 목사님이 하나님 말씀을 전하시면 화정이가 앉아서 "아멘, 아멘" 하면 강사 목사님이 화정이를 보고 내가 한 말이 무슨 말이냐고 물어보기도 했어요. 우리는 이렇게 진심으로 열정을 가지고 교회를 다녔지요.

그러나 동네 사람들이 우리가 교회 다닌다고 얼마나 핍박 했는지 몰라요. 교회 근처에 두 동네가 있었는데 우리 가족만 교회를 다니니 얼마나 이상하게 생각했겠어요. 주일날 우리 세 식구가 교회에 가는 모습을 보며 일하지 않고 교회 가면 하나님이 밥 먹여 주고 하나님이 바다에 가서 김 양식해 주느냐고 소리치며 핍박했어요. 한두 명이 아니라 보는 사람마다 핍박했어요. 그래도 우리 식구들은 한 귀로 듣고 한 귀로 흘리고 교회 가는 발걸음을 재촉했어요. 교회 가면 그보다 더 좋을 수 없었어요. 교회 집사님들은 정말 좋은 분들이었어요. 우리 가족을 참 많이 사랑해주시고 저같이 연약한 사람을 많이 아껴주었어요. 특별히 우리 전도사님이 얼마나 우리 가족을 사랑해주셨는지 몰라요.

복음 전도

교회 다닌 지 몇 년이 되었어요. 하나님께서 조금씩 우리에게 전도의 문을 허락하셨어요. 저도 전도의 입이 열리기 시작했어요. 우리 화정이도 우리 동생네와 오빠네 자녀들을 전도했어요. 아이들을 전도한 화정이는 아이들과 함께 어른 예배가 아니라 교회 학교에 나가기 시작했어요. 그런데 전도하기 참 어려웠어요. 우리가 김 양식하면서 빚이 늘어나는

게 소문이 났어요. 사람들은 하나님 믿는 사람이 남보다 많이 잘되어야 하는데 어쩌면 저렇게 빚을지고 사느냐고 말해요. 이게 참 마음 아팠어요. 저는 교회 갈 때면 자주 한복을 입고 갔어요. 그런데 동네 사람들이 그런 저를 향해 빚은 늘어나도 옷만 잘 입고 하나님 앞에 가면 하나님이 빚 갚아 주느냐고 조롱하며 핍박했어요. 참 신기하게도 저는 그럴수록 전도할 의욕과 소망이 더 솟아났어요. 그때부터는 더 열심히 전도에 힘썼어요. 한 영혼에게 복음을 전하기 위해 열 번이고 스무 번이고 찾아갔어요. 갈 때마다 너무 기뻤어요. 이렇게 복음을 전하면 하나님께서 우리 가정뿐만 아니라 우리 마을 사람들도 예수 믿게 해주실 것이라는 믿음에 정말 감사했어요. 그러다 보니 우리 동생들도 같이 교회를 다니게 되었습니다. 이렇게 차근차근 우리 마을이 신앙촌이 되어 갔어요. 우리 마을뿐 아니라 옆 마을에서도 교회를 출석하는 이들이 늘어나면서 신자들이 정말 많아졌어요. 기적이 일어났어요. 정말 꿈만 같았어요. 옆 마을 사람들이 저에게 당신 마을 사람들이나 데리고 가지 우리 마을 사람들까지 교회에 데리고 간다고 얼마나 욕하고 핍박했는지 몰라요. 어떤 사람은 저와 만나기도 싫어하고 말하기도 싫어했어요. 그래도 참 열심히 예수님을 믿고 복음을 전했어요. 어려운 신앙생활이었지만 항상 감사했어요.

사명

저는 1984년 교회에 출석해서 1985년에 학습을 받고 1986년도에 세례를 받았어요. 그리고 1987년에는 집사 직분을 받았는데 7구역장을 하라는 사명까지 주셨어요. 이때부터 이 사명 감당하기 위해 아무리 삶이 힘들고 어려워도 섬마을 형제들과 구역예배를 열심히 봤고 복음 전도도 열심히 했어요. 1988년도에는 12구역, 13구역장의 사명을 받았고, 사명 받은 자로 하나님 말씀 따라 살고자 최선을 다했어요. 1989년도는 여전도 부회장과 5교구장 그리고 주일학교 교사로 사명을 받았어요. 저는 언제나 건강이 좋지 않았지만 주의 일을 열심히 하고 부름 받은자의 심정으로 열심히 사명 감당했습니다. 저는 언제나 사명 받은 자로 주님 앞에서 사는 동안 열심히 주의 일하고 열심히 기도하면서 예수 이름으로 승리하는 삶을 살기 위해 최선을 다했어요.

잊을 수 없는 전도사님

처음 교회에 가서 우리를 맞아준 것은 최 전도사님이셨어요. 얼마나 감사한 분인지 몰라요. 전도사님은 우리 가정을 정말 많이 사랑해주셨어요. 어린 화정이도 참 아껴주셨어요. 화정이가 중학교를 목포로 다니게 되었는데 적응하느라 힘들어하니 전도사님이 화정이에게 교회 학교에서 참 잘했다는 상장을 내어주었어요. 그러면서 화정이에게 선물로 가져다주라고 하셨어요. 최 전도사님은 우리 집에 심방 오셨다가 우리가 바다에 일가고 없으면 빈방에 앉아 기도하시다 가셨어요. 어떤 날은 바닷가에서 우리가 오기를 기다렸다 보고 가시기도 하셨어요. 기도원 간다고 하면 운전해서 기도원까지 태워 주시고, 돌아오는 날에도 기도원까지 오셔서 은혜받았는데 사람들 만나서 싫은 소리 들으면 시험 든다며 집까지 데려다주셨어요. 정말 우리 가정을 사랑해주셨어요.

그런데 하루는 제가 목포에 오빠 집에 나가 있는데 전화가 왔어요. 최 전도사님이 돌아가셨다는 것에요. 너무 놀라서 뛰어나갔지만 배 시간이 모두 지난 후였어요. 그래서 수소문해서 소금 싣고 들어가는 배를 찾았어요. 화정이 아빠와 함께 그 배를 타고 들어가는데 배가 얼마나 느린지 마음이 타들어 갔어요. 마음이 급하니 그렇게도 멀고 먼 것 같았어요. 도착하니 저녁 석양이 지는 때였어요. 방에 들어가 보니 병풍이 쳐져 있었고 전도사님은 이미 돌아가신 이후였어요. 너무 허망했고 그렇게 쓸쓸히 떠나신 전도사님이 너무 불쌍했어요. 전도사님은 차가운 방에서 혼자 저녁 드시고 난 뒤 돌아가신 것 같다고 했어요. 남은 자녀들은 어떻고 사모님은 어떻겠나 생각하니 마음이 너무 아팠어요. 전도사님이 떠나신 후 우리는 한참이나 아빠 없는 신앙생활을 했어요. 전도사님은 우리 사랑하는 양들을 두고 하나님 나라에서 하나님과 함께하시겠지만, 너무 보고 싶었어요.

아들의 신학교 입학

아들은 목포에 있는 중학교에 입학했어요. 처음에는 힘들어했는데 열심히 노력해서 반에서 10등 안에 들었어요. 혼자서 이 어려운 걸 해 내는 아들이 기특했어요. 그리고 졸업반이 되니 학교에서 선생님이 면담하자고 했어요. 아들이 공고에 가서 기술 배워 빨리 돈 벌어 부모님 드린다고 했다고요. 아들은 열심히 공부해 공고에 합격했어요. 고등학교에 들어가 열심히 공부하고 기술도 익혔어요. 장학금도 타고 실습도 나갔어요. 그런데 졸업할 때가 다 되었는데도 취직이 되지 않았어요. 저도 함께 열심히 알아봤는데 자리가 나지 않았어요. 그런데 아들은 몸이 약했고 자주 아팠어요. 졸업때가 되니 더 심해졌어요. 그래서 고민하다 교회 목사님과 상담을 했어요. 목사님은 신학교에 시험을 봐서 신학교 공부를 하라고 하셨어요. 저는 이 문제를 놓고 50일 작정 기도를 했어요. 그리고 아들은 신학교 시험을 봤고 합격했어요. 하나님께서 아들을 하나님의 종으로 삼고자 그렇게 준비하셨다고 생각하니 얼마나 감사했는지 몰라요. 저는 상상도 못 할 일이었어요.

아들은 신학교에 들어가서 1학년 때부터 교회에서 사역했어요. 주중에는 공부하고 주말에는 교회에서 열심히 봉사했어요. 부르시는 곳은 어디든 달려갔어요. 그런데 1996년도에 제가 교통사고를 당해 1년 동안 병원에 누워있어야 했어요. 그래서 우리 가족 모두 참 힘든 시간을 보냈어요. 그런 중에 아들은 신학교에서 공부도 하고 주일이면 아무리 먼 교회라도 열심히 봉사했어요. 가진 것 없는 부모 만난 아들이 무슨 돈으로 공부하고 교회 가서 봉사했는지 생각하면 참 가슴이 아픕니다. 돈이 너무 없을 때는 차비도 없었어요. 그래서 차비라도 꾸어 보려고 이집 저집 돈을 꾸러 다닌 때도 있었어요. 그렇게 어려운 시절에 아들 공부를 시켰던 거에요.

그런데 어떤 사람들이 목사 욕하는 소리를 듣고는 얼마나 충격을 받았는지 몰라요. 온갖 업신여김을 당하고 힘들게 일해서 아들을 주의 종 되라고 공부시키고 있는데, 그런 소리 들리면 정말 마음이 찢어졌어요. 그래서 늘 깨어 기도하면서 좋은 목회자 되기를 기도하고 또 기도했어요. 화정이 아빠는 환갑이 지나서 힘들어도 목회자가 된 아들 생각을 하면 일터에서 어떤 일을 해도 힘들지 않고 기쁨만 생긴다고 해요. 자다가도 찬송이 나온다고 해요. 우리는 이렇게 살지만 우리 아들은 좋은 목회자 되기를 소망하며 감사하게 살아요.

아들을 위한 기도

우리 아들이 능력 있는 자나 연약한 자나 모두 품어줄 수 있는 목회자 되기를 기도합니다. 돈 있는 자나 없는 자나 한결같이 사랑해주고 기도해주는 목회자 되기를 기도합니다. 특히 하나님이 어떤 이를 사랑하는지 그 마음을 잘 품고 살기를 기도합니다. 가진 것 없다고 남에게 무시당하고 손가락질당하는 사람들 사랑해주고 기도해주는 목회자 되기를 기도합니다. 궁핍해서 고개를 들고 살지 못하는 이들 손 잡아주기를 기도합니다. 우리는 가진 것 없이 이렇게 어려운 가정환경에서 살아왔지만, 우리 아들은 능력 있는 하나님의 종이 되어서 하나님 뜻을 잘 따라서 깨끗한 하나님의 종이 되기를 소망하며 기도합니다.

* 이 내용은 1997년도 일기장에 따로 기록된 내용을 정리한 것입니다.

아들에게 쓰는   엄마의 일기장

아버지는 2000년대 초부터 병환이 깊어졌다. 평생 남편을 진심으로 사랑하며 섬겼던 엄마는 오랜 시간 아버지 곁에서 살뜰히 간호했다. 하지만 아버지의 치매는 중증으로 진행되었다. 게다가 오래전부터 장애가 있었기에 엄마 혼자 감당할 수 없는 상황이 되었다. 엄마는 눈물을 머금고 아버지를 가까운 요양원에 보내기로 했다. 엄마는 남편을 요양원으로 보내야 한다는 것을 가슴 아파하며 몹시 죄스럽고 미안해했다.

뒤늦은 후회

2007년 3월 7일 수요일

우리 남편 이 집사님 병원에 누워 계시니 너무 안타까워요. 건강하게 살려고 애쓰며 운동하고 노력했는데 사람의 실수 때문이에요. 바로 저 때문입니다.

엄마는 장애로 자신의 몸 가누기도 힘들었다. 그 몸으로 생계를 위해 온갖 궂은일을 하며 아버지도 간호했다. 아들인 나는 아버지가 요양원에 가는 것이 아버지에게도 엄마에게도 좋은 일이라고 생각했다. 하지만 남편을 향한 아내의 마음은 전혀 그렇지 않았던 것 같다. 나중에 엄마의 진심을 알게 되었는데, 자신의 몸이 아무리 불편해도 남편과 함께 있는 것이 가장 좋은 일이라고 생각하셨다.

1994년 8월 6일 토요일

우리 남편이 눈이 점점 더 아파서 보기가 안타깝습니다. 눈이 그렇게 아프면서도 내가 혼자 일하는 것이 안타까워서 제가 잘 때 조용히 나가려고 했습니다. 그 소리에 제가 잠이 깨서 어디가냐 물어보았더니 저 모르게 나가서 일하려고 했다고 합니다.

우리는 너무 못사는 가정이에요. 하나님 아버지 늘 함께하여 주시고 인도하여 주세요. 저는 남편 없으면 한 시간 일 초도 못 살겠어요. 우리 부부는 하나님께서 맺으신 천생연분인가 봐요. 우리 주님이 주신 사랑 안에 살게 해 주셔서 감사합니다. 오늘은 더욱 감사한 마음에 감사합니다.

나는 아버지가 고향에서 지내시는 것이 좋을 것 같아 집에서 가까운 요양원에 모셨는데 지금 생각해 보면 참 잘한 일이었다. 요양원에 계시던 아버지는 늘 집을 찾으셨단다. 신발을 그렇게 찾았고 집에 간다고 밖으로 나가려고만 했다고 한다. 다행인 것은 요양보호사 중에는 평소 부모님과 알고 지내던 분들도 있었고 다른 분들도 시골 동네에서 한 다리 건너면 다 알고 지내온 분들이라 엄마도 나도 마음이 한결 놓였다.

오늘은 요양병원에 온 지 이틀째 되었습니다. 3개월 있어야 하는데 언제 시간이 갈까요. 주님, 여기서 다 나아서 가게 하여 주시옵소서. 글쓰기 예쁘게 안 써집니다. 그래서 일기 쓰기가 싫습니다. 왜 이렇게 글씨가 잘 써지지 않을까요. 날마다 무엇이든 맑아지게 하여 주소서. 몸이 좀 나으면 이렇게 글씨가 써지지 않겠지요. 오늘도 좋은 하루 되기를 기도합니다.

2019년 겨울이었다. 먼 타국에 살며 곁에서 챙겨드리지 못하는 나는 낡은 시골집에서 혼자 살아야 하는 엄마가 계속 마음에 걸렸다. 그래서 추운 겨울만이라도 따뜻한 병원에서 이곳저곳 치료도 받고 엄마의 영양과 건강에 맞는 식사를 하면 좋겠다고 설득했다. 엄마는 썩 내켜 하지 않았다. 하지만 외아들이 아버지와 함께 계실 수 있다며 강하게 권면하니 결국 거절하지 못했다. 엄마는 요양원에 계시던 아버지를 모시고 좀 더 크고 좋은 요양병원으로 가서 겨울만 지내기로 했다. 그렇게 엄마는 떠밀려 가듯 요양병원으로 갔다. 하지만 그 이후로 지금까지 집으로 돌아오지 못했다.

엄마의 일기장

2021년 5월은 코로나가 한창이었다. 독일에서 살고 있던 나는 한국에 다녀오는 일이 쉽지 않았지만 한국행을 결심했다. 점점 병환이 깊어지시는 부모님도 뵙고 부모님이 요양병원에 입원하고 비어 있는 고향 집도 정리하기 위해서였다. 부모님들의 40년 삶이 고스란히 녹아있는 고향 집을 정리하려니 버려야 할 물건들이 산더미 같았다. 입지 못할 옷과 덮지 못할 이불로부터 시작해 부모님들에게는 소중한 세월의 향기가 묻어나서 버리지 못하고 모아놓은 수많은 물건이 어지럽게 쌓여 있었다. 면사무소에서 가져온 쓰레기봉투에 버릴 물건들을 하나하나 담아 정리했다. 마당과 부엌, 창고와 화장실, 방안 곳곳을 정리하던 중 장롱에서 분홍색 보자기에 싸여있는 물건을 발견했다. 조심스레 열어보니 각양각색의 모양과 색깔의 38권의 노트였다. 엄마의 일기장이었다. 일기장을 펼쳐보니 미소를 지으시며 나에게 말씀 하시던 엄마의 모습이 떠올랐다.

"아무도 내 마음을 몰라야."

38권 낡은 노트에 빼곡히 적혀 있는 엄마의 일기를 읽으며 남편도 그리고 하나밖에 없는 아들도 엄마의 마음을 전혀 몰랐다는 것을 알 수 있었다. 노트는 연도별로, 날짜별로 정리되어 있었다. 거의 매일 일기를 썼는데 일기와는 다른 제목이 붙은 글도 있었다. 글에는 '엄마의 약력, 지나간 일'이라는 제목이 붙어 있었다. 마치 "아들아, 나 죽으면 엄마가 쓴 일기장을 꼭 보거라"라고 말씀하시는 것 같았다. 엄마는 도대체 어떤 마음으로 일기를 쓰신 것일까….

엄마는 1940년대 전라남도 신안군의 작은 섬에서 태어나 초등학교 졸업하고 1960년대 24살의 나이로 결혼했다. 결혼 후 섬으로 들어가 집도 없이 큰 동서네 집과 목포를 오가며 1년간 시집살이를 했다. 방 한 칸에서 시어머니, 시누이 그리고 아버지의 여섯 살짜리 동생과 함께 다섯명이 살았다. 이렇게 찢어지게 가난했던 부모님은 결혼 1년 뒤에 어디서도 살 곳이 없어 고향을 떠났다.

그렇게 몇 년을 목포와 친정집을 오갔지만, 친정에서
도 더는 못 살겠더군요. 그래서 누구 소개로 경기도
평택이 좋다고 해서 우리 남편과 저는 그때 돈 팔천
원을 가지고 집을 떠나니 우리 어머니하고 아버지하
고 부두 끝에 나와서 얼마나 울었는지요. 우리 아버지
엄마가 눈병이 나도록 울었어요. 정처 없이 어디로 간
다는 말이냐며 울었어요.

−'엄마의 약력, 지나간 일'

고향을 떠나 뱃삯 주고 열차 값 내고 평택에 도착하니 이
천 원이 남았다며 그때의 심정을 이렇게 적고 있다.

우리는 돈 팔천 원 가지고 평택으로 가는 배를 타고,
또 열차를 갈아타고 평택에 도착하니 수중에 이천 원
이 남았어요. 그런데 날은 저물고 갈 곳은 없었어요.
길거리에서 잠을 잘 수도 없고 여인숙을 가자니 밥 먹

을 돈도 없어서 캄캄한 밤에 이집 저집 방을 얻으러
다녔어요.

– '엄마의 약력, 지나간 일'

일기장을 보고 처음 알았다. 나의 엄마와 아버지가 어떻
게 살아오셨는지를…. 오십이 다 되도록 엄마의 삶이 어떠했
는지 제대로 듣지 못했다. 아니 물어볼 생각도 못 했던 것 같
다. 엄마가 옛날에는 다 어렵고 힘들게 살았다고 말할 때면
그냥 어른들이 버릇처럼 말씀하시는 옛날이야기라고 여기며
귓가로 흘려보냈다. 그게 얼마나 험난하고 고생스러운 인생
이 담긴 말이었는지 생각도 못 했다. 그러려니 하고 지나갔
던 시간이 엄마의 일기를 읽으며 그때 엄마가 했던 말이 주
마등처럼 지나갔다. 몇 시간을 엄마의 일기를 읽으며 눈물
콧물을 흘리고서야 알게 되었다. 우리 엄마가 참으로 험악한
세월을 살아오셨다는 것을.

1994년 4월 17일 주일
하나님 감사합니다. 오늘 아침에도 함께 하시고 주

일날을 주신 하나님 감사합니다. 우리는 아침에 소금 작업을 합니다. 하지만 교회 갔다 작업장으로 가야 했습니다. 그래서 가는 길에 아침 간식을 가지고 갔습니다. 그런데 조금 늦었습니다. 왜 조금 늦었냐면 등에 힘줄이 눌려서 말도 할 수 없고 찬송도 할 수 없었습니다. 그래서 사모님께 기도 받고 갔습니다. 그 고통은 우리 남편도 몰랐습니다. 그런데 작업장에 도착했더니 인부들이 저에게 늦게 왔다며 한마디 하더군요.

"사모님, 우리를 죽이려고 늦게 옵니까?"

그 아픈 몸으로 일을 하려니 저도 모르게 눈물이 쏟아졌습니다. 소금 리어카를 끌고 가는데 앞이 보이지 않을 정도였습니다. 이렇게 일을 하고 주일학교 학생들 때문에 허둥지둥 교회로 달려갔습니다. 교회에 가서 기도하고 예배드리고 섬김의 사명을 마치고 다시 염전으로 달려갔습니다. 염전 일을 마치고 돌아와 바로 밭을 매고 저녁예배 드리려 교회로 달려갔습니다. 주일 저녁예배 때는 대표 기도를 했습니다. 오늘도

주님 안에서 하루를 잘 보냈습니다. 하나님 참 감사
합니다.

엄마의 일기는 매일 드리는 기도문이었다. 매일 하루도
쉬지 않고 저녁마다 일기를 적으며 하루를 마치는 기도를 드
렸다. 기도가 삶이고 삶이 기도였다. 그런 엄마가 내게 틈만
나면 늘 내가 죽으면 누가 우리 아들을 위해 기도하겠냐고
했다. 이 말씀도 그냥 하신 게 아니었다.

1997년 4월 11일 금요일

오늘은 송공산 기도원에서 집회를 마치고 집으로 가
는 날이에요. 오늘 아침에는 마지막 예배를 드리고
가려고 하나님께 기도했어요. 주님 이 부족한 것, 이
동산에서 많은 은혜 받고 가려고 하나 기쁘기도 하고
하나님 앞에 바로 살 수 있으려나 걱정도 됩니다. 하
나님, 우리 아들 이 전도사가 목사 안수 받을 때까지
만이라도 제가 더 생명 연장 할 수 있게 간구드립니
다. 우리 이 전도사 사진을 보니 제 생각에 저 없으면

어느 누가 기도해줄까 생각하니 너무도 안타깝고 마음이 아픕니다. 주님 제 생각을 아시오니 인도하여주세요.

내 기억 속의 부모님은 매일 반복되는 고된 일도 최선을 다해 성실히 하셨다. 힘든 일상에도 언제나 웃음을 잃지 않으셨다. 어머니는 아무리 힘든 일이 닥쳐도 무던히도 참으시며 괜찮다 하셨고, 아버지는 입이 무거우셔서 다른 사람 이야기 하는 것을 들어본 기억이 없다. 그런 부모님이 가장 아끼고 사랑하는 곳은 시골 교회였다. 교회의 목사님과 성도님들이었다. 늘 새벽에 기도하러 교회에 갔고, 모든 예배 시간은 목숨보다 소중히 지켰다. 그러니 교회 일에 그 누구 보다 앞장섰다.

1995년 9월 16일 토요일

"화정이 아빠, 교회에 가요"

남편을 깨웠지만 어제 새벽부터 밤늦도록 일해서 일어나지 못했어요. 주님 도와주세요. 붙잡아 주세요. 하나님 앞에 나가는 습관과 어디를 가든지 주님 안에 거하는 시간 되게 해 주세요.

1995년 12월 18일 월요일

집에서 소밥 주고 청소하고 있으니 박 집사님께서 교회로 오라고 전화가 왔어요. 교회 가서 크리스마스 장식하고, 주일학교 아이들 선물도 포장하고, 주일학교 성극 무대도 만들어 주었어요.

1996년 7월 31일 수요일

병원에서 우리 집에 반년 만에 돌아왔는데 집이 형편없이 더럽고 추접스럽고 먼지뿐이었어요. 제가 2월 21일에 집을 나갔어요. 그리고 교통사고를 당하고 병원에 있다 7월 30일에 와서 보니 엉망진창이었어요. 아픈 다리로 집을 치워놓으니 조금 나은 것 같아요. 그리고 저녁에 수요예배 드리러 새로 건축한 교회에 가서 신자들을 만나니 정말 반가웠어요. 교회도 정말 좋았어요. 하지만 저는 죄인이에요. 건축하는데 아무 일도 못했어요.

나는 부모님의 이런 모습만 기억했다. 그러니 엄마가 얼마나 힘들고 어려웠는지 전혀 몰랐다. 아들이 커서 목회자가 되었으니 그때그때 힘든 일을 말씀해주셨으면 좋았을 텐데, 아무 말씀 없으시고 괜찮다며 웃는 엄마의 심중을 전혀 헤아리지 못했다. 아마도 엄마는 하나뿐인 아들에게 좋은 것만 보여주고 좋은 것만 주고 싶었던 게 분명하다.

1995년 9월 18일 월요일
우리 이 전도사가 어서 학교를 졸업하고 주님의 일을 한다면 얼마나 하나님께서 기뻐하실까요. 또 우리는 얼마나 기쁠까요. 기도가 아니면 하나님의 말씀이 아니면 살 수가 없으리라 믿습니다. 이 전도사가 늘 기도하고 저도 피땀 흘려 기도하게 하여 주세요. 오늘 이 시간에도 이렇게 주님 앞에 기도하는 우리 가정의 모든 일을 지켜주세요.

1995년 10월 14일 토요일

우리 하나님 아버지 우리 가정의 아들 이 전도사를 늘 함께하여 주시고 능력 있는 종이 되게 해 주세요. 들어오나 나가나 함께하여 주세요. 그리고 항상 기도하는 우리 이 전도사 되게 해 주세요.

1995년 10월 17일 화요일

하나님 아버지 어쩌면 저는 이렇게 서글픈 가난뱅이가 되었을까요. 우리 하나님 아버지는 부자이시지요? 없는 사람 있게도 하시고 있는 사람 없게도 하신 주님, 저는 정말 서러워요. 저는 왜 이렇게 복을 못 타고 났을까요. 몇시간 동안 눈물이 쏟아져 걷잡을 수 없었어요. 저 같은 여자 만난 우리 남편과 아들도 불쌍하다는 생각이 들었어요.

아들이 힘들고 어려운 이들과 함께하는 좋은 목회자가 되기를 바라는 마음에 아들 앞에서는 굳건히 서 계셨던 것 같다. 힘든 내색 한 번 하지 않으셨던가 보다. 그런 엄마는 매일 밤 일기장에 세상에 대하여, 교회와 하나님에 대해서, 이웃들에 대하여 아들에게 들려주고 싶었던 이야기, 아들과 나누고 싶었던 이야기를 적어 나갔다. 아들에게 쓰는 엄마의 일기는 삶으로 예배로 기도로 눈물로 적혀 있었다.

자녀를 위한 엄마의 기도

신학교 시절 집이 가난하여 학교 다니는 것도 어려운 형편이었다. 하지만 기도할 때만큼은 마음의 소원을 있는 대로 간구했다. 남들이 들으면 형편도 모르고 꿈만 크게 꾼다고 말했을 것이다. 내 기억에 독일로 유학 떠나기 10년도 전부터 이렇게 기도했다.

"하나님 유학 가서 신학 공부를 제대로 하고 싶습니다. 미국의 하버드, 프린스턴 대학으로 가고 싶습니다. 영국의 옥스퍼드, 케임브리지 대학으로 가고 싶습니다. 독일의 하이델베르크나 튀빙겐 대학으로 보내 주세요."

유학생

하지만 현실의 벽은 높았다. 본격적으로 유학을 알아보니 기도했던 학교들은 내가 가기 힘든 학교였다. 실력도 문제였지만 우리 형편으로는 꿈도 꿀 수 없는 학교였다. 현실의 벽 앞에 서니 기도도 멈췄다. 기도를 멈추니 내가 유학을 위해 기도했다는 것도 잊어버렸다. 사역을 시작하며 다른 곳으로 고개 돌릴 여유조차 없었다. 오히려 하나님이 어디든 보내주시면 그곳에서 목숨을 바치겠다고 기도했다. 남들이 가기 꺼리는 개척교회, 미자립 교회, 농어촌 교회로 가겠다고 기도했다. 유학 기도에는 아무런 응답이 없던 하나님은 어렵고 힘든 교회 가겠다고 하니 바로 응답하셨다. 기도를 잘못했던 것 아닌가 후회할 정도로 어렵고 힘든 오지 교회로 사역하러 다녔다. 사례비가 얼마인지도 모르고 사역했고 첫 달 사례비를 받고서야 내가 어디서 무슨 일을 하는지 더 확실하게 알게 되었다. 첫 달 사례비는 4만 원이었다. 이 돈으로 한 달을 살아야 했다. 하지만 돌이켜 그때로 돌아가도 나는 똑같은 선택을 할 것이다. 그렇게 십 년이 넘도록 시간 가는 줄 모르고 열심히 사역했다. 그러던 어느 날 미국과 캐나다로 유학 갈 수 있는 길이 열렸다. 하지만 결국은 무산되었다. 학비가 가장 큰 문제였다. 그런데 한 중소기업에서 5년간 월 70만 원의 장학금을 지원해 주겠다며 유학을 떠나라고 했다. 마침 그때 독일에서 유학중이던 목사님 한 분이 연락을 주셨다. 독일은 학비가 무료라고 했다. 이게 무슨 일인가 싶었다. 그때부터 일은 일사천리로 진행되었다.

2006년 1월 19일 목요일

사랑하는 하나님 아버지 감사해요. 오늘도 함께하신 주님, 오늘도 밭에 거름 하게 하시니 감사해요. 제가 감기 몸살로 너무 힘들어요. 그러나 우리 이 집사님이 저보다 더 힘들어 보여요. 농사라고는 다 잊어야겠어요. 우리 아들 이 목사한테 도움 주고 살고파 했는데 아빠가 이렇게 아퍼 버리고 저도 힘이 없으니 아들에게 미안하고 부모 노릇을 잘 못 한 것 같아요. 그렇지만 제 마음대로 하지 않고 하나님께서 시키는 대로 살겠어요. 우리 이 목사 젊어서는 힘들고 어려워도 인내심으로 사역합니다. 부족함 없도록 도와주세요. 항상 기도하고 앉으나 서나 기도하는 저의 마음 주님께서 함께하여 주실 줄 믿고 항상 기도해요. 어서 우리 이 집사님이 건강했으면 감사하겠어요.

나는 막혔던 유학의 길이 다시 열리니 열심히 유학 준비에 매진했다. 하지만 그때도 부모님은 정말 힘든 시절을 살고 있었다. 장성한 아들이 부모님의 힘든 시절을 살피지 않고 더 멀리 해외로 떠나려고 했던 것이다.

2006년 7월 18일 화요일

오늘은 우리 이 목사가 전도가는 날입니다. 오늘도 하나님께서 함께 하셔서 우리 이 목사가 사람 낚는 어부가 되어서 하나님께 상급 받는 아들이 되게 해 주세요. 우리 아들 일곱 살 때부터 공부해서 33세까지 했는데 또 독일로 유학 간다고 하니 저의 마음은 어디다 기댈까 해요. 아들 보내고 어찌 살까 보고 싶고 걱정되어 어찌 살꼬 걱정입니다.

엄마는 아들이 자신 곁을 떠난 것이 못내 아쉬우셨지만 언제나 그러셨듯이 좋은 목사가 된다면 더 바랄 것이 없다고 기도했다. 결혼한 아들은 아내와 자녀를 두고 혼자 유학을 떠났다. 그리고 1년 반이 다 되도록 하루 10시간씩 어학 공부를 한다고 했다. 그러니 엄마는 아들이 박사 학위 과정에서 공부하게 되었다는 소식을 듣고 뛸 듯이 기뻐하셨다.

2008년 10월 9일 목요일

하나님 아버지 감사해요. 오늘도 지켜주심을 감사드려요. 하나님께서 우리 아들 정식으로 공부하게 하심 감사드려요. 우리 이 목사 지켜주시고 목마를 때 물을 주시니 감사해요. 우리 이 목사 공부에 길을 허락하신 주님 감사드려요. 하나님께서 함께 해 주세요. 이번에 돈 없어서 그냥 한국에 돌아오려고 했어요. 그런데 하나님께서 열어주시고 박사학교에서 공부하게 하시고 학비를 면제시켜 주시어서 감사해요. 하나님 아버지 감사해요. 너무나 감사해요.

엄마에게 말씀 못 드렸지만 2008년도에 장학금을 보내주던 중소기업이 부도가 났다. 아내가 한국에서 어렵게 번 돈 중 일부를 나에게 보내 줘서 살던 때였다. 설상가상으로 환율이 1,200원대에서 2,000원대까지 올라갔다. 매달 들어오던 70만 원이 끊기니 어학원비, 기숙사비, 교통비, 식생활비까지 감당하기 버거운 나날들이었다. 하루 한 끼만 먹었고 그것도 최소한의 식사를 했다. 주일날 디아스포라 한인교회에서 먹는 점심밥이 최고의 호사이던 때였다. 감사한 것은 언어 과정을 통과하고 박사 과정에 합격해 비자의 압박이 해결되고 내 어려운 사정을 알게 된 지도교수님이 조교 일자리를 주셔서 조금씩 숨통이 트이게 되었다.

목회자

그런데 그해 한인 교회에서 목회 사역을 제안해 왔다. 이전에도 한 번 사역 제안을 했던 교회였다. 하지만 그때는 하루 10시간 이상씩 공부하던 시절이라 마음의 여유가 없었다. 속히 학교에 입학해야 신분이 보장되었기에 최우선으로 어학 시험을 통과하고 학생 비자를 받는 것이 급했다. 2년 안에 어학 시험을 통과하지 못하면 한국으로 돌아가야만 했기 때문이다. 이번에도 당연히 고사하려고 했다. 하지만 기도하면 할수록 마음에 '화정아, 너 교회를 위한 공부 하러 독일에 온 것 아니냐? 네가 뭐라고 거부를 하니? 간절한 영혼들 생각은 하지 않는 거니?'라는 영적 부담감이 밀려왔다. 순종하고 받아들였다. 월요일에서 금요일 오후까지 공부하고 금요일 저녁때 기차를 타고 세 시간 반 넘게 떨어진 교회로 달려갔다. 성경 공부, 주일예배, 청년부 모임까지 쉴 틈 없었다. 왕복 7시간에 성경 공부까지 최소 9시간 이상 사역했다. 다음날 역시 주일 사역을 하며 영혼들을 섬기고 다시 저녁 기차 타고 세 시간 반을 돌아와 월요일부터 학교 공부에 전념했다. 혼자 타지에서 고생하는 목사가 딱했던지 당시 담임목사님과 성도님들은 온갖 배려와 사랑으로 가족들을 독일로 데려올 수 있게 도와주셨다.

그리고 이때 우리 가족을 천사처럼 섬겨주신 한 가족이 있었다. 가난한 유학생 가족들이 비자를 받으려면 재정보증인이 있어야 했다. 내 친가 쪽은 섬마을의 가난한 농부이고 어부이다 보니 재정보증을 설 수 있는 자격이 되는 분이 없었다. 그런데 아내의 친척분이 재정보증을 서 주시겠다고 했다. 나는 결혼식장에서 아내 쪽 가족으로 한 번 만났을 뿐이고 아내와도 자주 만나던 분도 아니었다. 기도하고 고민하고 있던 아내가 딱했던지 장모님이 어렵게 부탁 했는데 정말 흔쾌히 보증을 서 준 것이다. 평생 갚아야 할 분인데 아직 아무것도 갚지 못했다. 그렇게 하나님의 은혜와 교회의 배려와 가족들의 사랑으로 우리 가족은 독일로 오게 되었다.

이렇게 시작된 독일에서 경험한 하나님의 은혜는 이루 말할 수 없는 기적의 연속이었다. 출애굽한 이스라엘 백성들에게 만나와 메추라기를 주신 것처럼 먹을 것과 입을 것이 떨어지지 않았다. 도무지 알지 못하는 이름 모를 분을 통해 미국에서 장학금이 도착했고, 독일에서도 장학금을 받게 되었다. 교단에서도 해외 장학생으로 선정해 장학금을 보내 주셨다. 독일에서 받은 장학금은 많지 않은 금액이었음에도 당시 우리 가정에는 사막의 오아시스와 같았다. 이 장학금은 2024년 현재까지 목회하는 교회 선교 장학금으로 받고 있다. 그런데 엄마의 일기를 다시 읽어보며 이 모든 것들이 엄마가 드린 기도의 응답이라는 것을 알게 되었다. 엄마가 매일 새벽기도 때마다 간구한 눈물의 기도 때문인 것을 알게 되었다.

선교사

엄마가 쓴 일기를 읽으며 하나님께서 엄마의 기도를 참 꼼꼼히 응답해 주신다는 것을 발견했다. 특히 엄마가 아들을 위해 기도한 것들은 땅에 떨어진 것이 하나도 없었다. 나는 전혀 기억하지 못하고 있던 일도 엄마는 끝없이 기도했고 당사자인 나도 모르게 응답 되기도 했다. 나는 기도가 응답 된 줄도 모르고 살아오다 엄마의 일기를 보며 내 삶이 엄마의 기도 응답이라는 것을 다시금 깨닫게 되었다.

1994년 8월 25일 목요일

아침에 작업하고 있는데 교회 종소리가 들렸습니다. 기도하지 않고 일터로 나오니 두려운 마음이 들었습니다. 그래서 일하며 주님 앞에 기도했습니다. 주여, 빚 갚고 주님 뜻대로 살게 해 주세요. 기도하는데 마음에 소망이 하나 생겼어요. 그래서 아들에게 전화해 조심스레 선교사로 헌신해 달라고 요청했습니다. 엄마가 기도하며 바라는 소망이라고 했습니다. 그러나 아들은 선뜻 대답하지 못했어요. 한동안 망설이다 그러겠노라 대답했습니다. 아들을 위해 기도합니다. 우리 살림 형편이 어려워 뒷바라지해 줄 수 없지만 선교사로 헌신할 수 있게 해 달라고 기도했습니다. 예수님께서 우리 아들 꼭 지켜주세요.

1994년 9월 1일 목요일

주여, 제 몸의 질병이 사라지게 해 주세요. 요사이 몸이 너무 좋지 않아요. 그래서 참 서글퍼요. 한 번은 죽는 인생 이지만 제일 걱정은 우리 아들 이 전도사가 제일 불쌍합니다. 내가 만약 하늘나라로 간다면 누가 우리 이 전도사 목사 되고 선교사 될 수 있게 해 달라고 기도해 줄까요. 이런 생각 하면 너무 서글퍼요.

얼마나 오래전 기도인가. 거의 30년 전이다. 나도 일기를 보며 엄마가 나에게 선교사 되라고 했던 것을 다시금 떠올리게 되었다. 엄마는 언제나 나에게 좋은 목사, 좋은 선교사 되라고 했다. 하지만 나는 독일에 선교사가 되려고 온 것은 아니었다. 그때까지도 신학 공부를 본격적으로 한 것도 아니었고 그저 내가 공부를 한다면 한국 교회를 위해 사용되게 해 달라는 기도를 할 때였다. 그러니까 독일에서의 공부가 한국으로 돌아가 목회할 때 도움이 될 것이라는 생각이었다. 하지만 엄마의 기도는 이렇게 응답 되고 있었다.

박사과정을 진행하던 중 독일에서 나와 우리 가족에 큰 변화가 일어났다. 담임 목회 청빙이 온 것이다. 함께 공부하던 선배 유학생들은 학업과 목회를 병행하는 일은 쉽지 않으니 가능하면 한 가지는 포기해야 한다고 조언했다. 청빙을 고사하고 공부에 전념하라는 말이었다. 하지만 나와 우리 가정은 부르심에 순종하기로 결정하고 목회를 시작하게 되었다.

이 글을 쓰는 현재 독일에서 담임 목회 청빙에 순종하고 목회를 시작한 지 13년이 흘렀다. 그때부터 나는 유학생이 아닌 목회자이자 선교사로서의 사역을 시작한 것이다2013년 나와 우리 가족은 교단에서 협력 선교사로 파송 받았다. 유학생 선배들의 조언은 맞는 말이었다. 그래서 공부보다 목회와 목양에 초점을 맞췄다. 내 모든 에너지를 목회에 쏟았다. 교회와 성도들을 위해 공부하려고 했으니 후회는 없었다. 하지만 하나님은 그런 나에게 감당할 수 없는 은혜와 사랑을 베풀어 주셨고, 박사과정에 들어가고 13년이 지난 2023년 7월 4일 드디어 학위를 받게 해 주셨다.

이제 와 돌아보니 엄마의 기도가 없었다면 여기까지 올 수 없었다. 아니 내 모든 목회의 길에 엄마의 기도가 있었다. 엄마는 내가 처음 사역했던 전도사 시절부터 목회했던 모든 교회의 목사님, 성도님들을 위해 기도했다. 지구 반대편 독일의 작은 교회를 위해서도 매일 기도 했다. 엄마의 일기장에 빼곡히 적혀 있다.

한국 올 때마다 많은 분들이 이민 목회가 얼마나 힘드냐며 걱정해 주신다. 실제로 쉽지 않다. 특히 디아스포라 교회는 수많은 분란과 분열을 겪는다. 그래서 한국에서는 예상할 수 없고 상상하기 힘든 낯설고 어려운 일들을 견뎌내야 한다. 그때마다 하나님은 우리 교회와 성도들 그리고 나와 우리 가족을 지켜주셨다. 그 어떤 것 보다 엄마의 기도가 응답된 것이라고 생각한다. 고비고비 마다 엄마는 물리적 거리를 넘어 항상 내 옆에서 함께 했던 것이다. 기도의 힘을 경험한 분들은 이게 얼마나 크고 위대한 힘인지 격하게 공감하실 것이다.

아들의 고백

"아야, 나 죽으면 꼭 엄마가 쓴 일기를 보거라."

일기장을 발견하고는 내 기억에 엄마가 일기 쓰는 모습을 한 번도 본 적 없어서 당황스러웠다. 그런데 엄마는 내가 타지에서 생활하다 섬으로 들어온다고만 하면 노트와 볼펜을 가져다 달라고 했다. 노트는 새로 사지 말고 아무거나 가져다 달라고 했다. 그때는 엄마가 설교 시간마다 열심히 목사님의 설교를 적는 모습 때문에 설교 노트가 필요한 것 같다고 생각했었다. 그런데 엄마가 한 번도 아니고 몇 번이나 나 죽으면 일기장 보라고 했는데 무심한 아들은 그 말씀을 귀담아듣지 않았다. 지나간 일을 후회한들 아무것도 할 수 있는 게 없다. 하지만 나라는 인간의 존재가 뒤흔들리는 일은 아무리 후회해도 또다시 후회가 몰려온다. 엄마의 일기를 몇 년만 빨리 알았더라면, 그때 엄마가 내 일기장 보라고 할 때 조금만 더 귀 기울여 들었더라면 지금처럼 후회하지 않았을 텐데….

지나간 일

　오래된 집을 정리하다 느닷없이 나타난 엄마의 일기를 펼쳐보니 잠을 이룰 수 없었다. 그래서 매일 밤 엄마의 일기를 읽으며 엄마의 삶을 따라갔다. 고단한 삶을 살아가며 매일 저녁 일기를 썼던 엄마의 시간을 따라 걷고 싶었다. 그 일기에는 지금의 나보다 나이 어린 엄마가 있었다. 작고 여리고 착하디착한 여인이 있었다. 가난한 남편을 만나 결혼해 힘든 농사일과 염전 일을 해야 했다. 살 곳이 없어 전라도의 섬에서 평택으로 서울로 동두천으로 그리고 다시 섬으로 돌고 도는 떠돌이 생활을 해야 했다. 섬으로 돌아왔지만 김 양식장과 염전과 논과 밭에서 짐승처럼 일해야 했던 한 여인의 가혹한 삶이었다. 그런 삶이었지만 우연히 교회에 나가게 되고 구원의 감격을 누리며 칠흑같이 어두운 인생에서 빛과 소망을 만나고 감격스러워 했다. 그 이후 엄마의 일기장에는 매일 새벽 기도하러 교회에 갈 수 있고, 매일 밤 하나님께 기도할 수 있어서 감사하다는 고백이 이어졌다. 이렇게 엄마의 지나온 삶을 따라가며 고생스러운 엄마의 삶에 가슴이 아프면서도 고난 중에 역사하시는 하나님의 손길을 느끼며 감사하다는 생각도 들었다. 그런데 1997년 일기장의 다른 일기와는 사뭇 다른 글을 읽으며 큰 혼돈에 빠지게 되었다.

그래서 그것을 가지고 서울에 가서 쌀을 사 먹으면서 사글셋방을 얻어 살면서 직장을 잡으려고 했으나 어려웠어요. 그리고 서울에서 한 달 정도 살면서 우리 화정이를 낳아 너무 감사했어요. 남이 임신해서 배불러서 다니면 저는 얼마나 부러웠는지 아무리 바쁘게 길을 가다가도 임신한 사람을 보면 서서 돌아보았어요. 이 마음은 누구도 알 수 없을 거예요. 그런데 우리 하나님께서는 그것을 보고 얼마나 처량했으면 얼마나 안타까웠으면 우리에게 화정이를 보내주었나 생각하며 한없이 감사했어요.

– '엄마의 약력, 지나간 일'

내가 전혀 몰랐던 엄마의 삶을 읽어 나가다 보니 내가 출생한 날에 대한 기록도 있었다. 그런데 뭔가 이상하다는 생각이 들었다. 서울에서 한 달 살며 아들을 낳았다고 적혀 있는데, 임신한 기록이 없었다. 입덧을 심하게 하고, 통증이 있고, 감정이 요동치고, 거동이 불편하고, 출산은 또 어떻게 했고…. 얼마나 특별한 시간인데 이런 기록은 전혀 없고 내가 태어난 이야기만 있었다. 그리고는 "임신한 사람을 보면 서서 돌아보았어요.", "얼마나 안타까웠으면 우리에게 화정이를 보내주었나"와 같은 엄마의 낯선 감정이 적혀 있었다.

그런데 이 글을 읽으며 내 귓가에 엄마가 "자식을 못 난다고 했는데 너를 낳았다"고 하시던 음성이 들리는 것만 같았다. 엄마는 내게 이 말씀을 몇 번이나 하셨다. 이유를 알 수 없는 묘한 감정이 솟아올랐다. 더는 일기를 읽어 나갈 수 없었다. 이 일기는 아들을 향한 엄마의 소망, 염려, 당부, 그리움, 기쁨, 감사와 같은 감정을 아들에게 모두 말할 수 없어 하나님께 토로했던 일기만이 아니었다. 그래서 엄마와 아버지가 아들에게 자신이 어떻게 살았는지 알려주려고 쓴 일기만도 아니었다. 1980년대 말부터 1997년도의 일기를 읽을 때까지만 해도 아들이 고생하시는 부모님 옆에 있지 못해서 늘 죄송하다는 마음으로 읽었다. 하지만 1997년 일기 중간에 있던 글을 읽으며 내가 상상하지 못했던 나의 이야기, 우리 가족의 이야기를 만나게 된 것이다.

독일에서 목회하던 나는 목포의 요양병원에 입원한 엄마에게 가능하면 자주 전화를 했다. 그때는 코로나가 세상을 덮친 때여서 더 자주 전화를 드렸던 것 같다. 그날도 여느 날처럼 통화했다.

"아들아, 아들아! 이젠 말해줘야 것다."

"무슨 말씀이세요? 뭐든 하시고 싶은 말씀 하세요."

"엄마가 너를 성북구 보문동 다리 밑에 누가 버리려던 걸 나 주라고 해서 데려와 키웠어야."

"…"

"정말 내 아들로 지금까지 네 아빠랑 키웠어야."

엄마는 너를 진심으로 사랑했다.

그때 엄마는 병원에서 치매 초기증상이 의심된다는 소견

이 있을 때였다. 그래서 엄마가 엄한 말을 한다고 생각했다. 하지만 가슴이 두근거리고 호흡이 가빠졌다. 이럴수록 정신을 똑바로 차려야 한다고 생각했다. 엄마에게 다시 한번 무슨 말씀이냐 물었다. 그런데 엄마는 그때의 상황을 정말 소상히 설명해 주었다. 심지어 누구 집의 아이였다는 말씀까지 했다. 하지만 너는 내 아들이고 내 자식이라고 몇 번이나 말씀하시고는 전화를 끊을 때 "우리 아들 사랑해"라고 했다. 엄마에게 내 감정이 흔들리는 걸 들키면 엄마가 많이 힘들어하실 것 같아 최대한 아무렇지도 않게 대답했다. "저도 엄마를 사랑해요."라고 말씀드리고 전화를 끊었다. 다리가 풀려 소파에 주저앉았다. 아무 생각도 나지 않았다. 그러다 갑자기 눈물이 왈칵 쏟아졌다. 심장이 터질 듯이 뛰었다. 엄마가 치매인 게 분명하다는 생각도 했고, 한국에 가서 친자 검사를 해야겠다는 생각도 했고, 우리 엄마와 아버지가 내게 하셨던 모든 일과 말씀들이 눈앞으로 귓가로 스쳐 지나갔다.

　그리고 어떻게 살아갔는지 모를 몇 달의 시간이 흘렀다. 요양병원에서 부모님이 위독하시다는 연락을 받았다. 코로나가 한창이었지만 한국으로 들어왔다. 병원에 들러 부모님을 뵈었지만 정상적인 대화를 나눌 수 있는 상태가 아니었다. 부모님이 살던 집도 살펴보고 고향도 돌아보고 싶어 섬으로 들어갔다. 비어 있던 고향 집에 도착해 정리를 좀 했다. 그리고는 가까운 곳에 살고 있던 엄마의 남동생을 찾아뵈었다. 삼촌과 숙모를 함께 뵈었다. 오랜만에 만나 반갑게 이야기를 나누다 내 마음속에 담고 있던 이야기를 꺼냈다.

"삼촌, 엄마와 얼마 전 통화 하는데 이런 말씀을 하셨어요. 혹시 엄마가 편찮으셔서 이상한 말씀 하신 것 아닌가 싶어서요."

나는 삼촌과 숙모가 웃으시며 무슨 소리냐고 하길 바랐던 것 같다. 그런데 순간 방안이 얼어붙은 듯 정적이 흘렀다.

"누나 말씀이 맞다. 그런데 누나도 매형도 그리고 우리 모두 너를 친 자식, 친조카로 생각했다. 이건 진심이다."

어렵게 입을 연 삼촌은 내게 이렇게 말씀하셨다. 또다시 심장이 두근거리고 머릿속의 생각이 모두 사라지는 것만 같았다. 눈물이 나오는 걸 억지로 참았다. 엄마의 이야기가 진실이었다. 그래도 믿어지지 않았다. 아니라고 하고 싶었다. 가슴에 묻어두고 아무에게 말하고 싶지 않았다. 나만 아니라고 하면 될 일이었다. 그리고는 목포의 요양병원으로 돌아갔다. 말없이 누워있는 엄마의 손을 잡았다.

"엄마, 어찌 그리 힘들고 어려운 삶을 사신거에요."

오십 년을 살아온 삶이 하루아침에 송두리째 뒤흔들렸다. 그런데 내가 어떻게 할 수 있는 게 하나도 없었다. 내일이 되면 좀 나아지지 않겠느냐며 아무렇지도 않은 듯 살아보려 애썼다. 그렇게 살아간 시간이 어느덧 삼 년이 지났다. 하지만 엄마의 치매는 증상이 더 심해졌고 병세는 더 악화되었다. 아버지는 엄마보다 훨씬 더 상태가 좋지 않았다. 세월이 꽤 흘렀지만 부모님의 병은 더 깊어만 갔고 이 문제로 부모님과 대화조차 나눌 수 없었다. 세월이 흐르면 정리가 좀 되려나 싶었지만 내 마음속은 여전히 이 상황을 받아들이지 못하고 있었다.

그런데 삼 년이 지난 어느 날이었다. 요양병원에서 부모님 모두 위독한 상황이라며 병원으로 올 수 있냐는 연락을 받았다. 한국으로 돌아오는 비행기 안에서 이제는 정말 부모님과 함께 보낼 수 있는 시간이 얼마 남지 않았다는 생각이 들었다. 한국으로 돌아와 병상에 말없이 누워 계시는 부모님을 뵈었다. 내 감정과 상관없이 부모님이 떠나시기 전에 내가 할 수 있는 모든 것들을 해야겠다고 마음먹었다.

독일로 돌아와 생각을 정리하고 2024년 2월이 다 가기 전 마지막으로 한 번만 더 사실관계를 확인해 보기로 했다. 엄마의 세 번째 남동생에게 전화를 걸었다. 그리고 조심스레 엄마의 일기에 대한 이야기를 꺼냈다. 그랬더니 막내 삼촌은 부모님이 평택에서 서울로 갔을 때 함께 서울에서 살았다고 했다. 그래서 삼촌에게 엄마에게 들은 이야기를 했다. 삼촌은 많이 당황해했다. 한참을 말을 잇지 못하시더니 크게 심호흡을 하며 그 당시의 상황을 자세히 설명해 주었다. 엄마의 말씀이 틀림없었다. 삼촌은 이야기를 다 하시고는 이 말씀을 꼭 하고 싶다고 했다.

"엄마도 매형도 나도 너를 진짜 친자식처럼 키웠다. 특히 엄마는 너를 진심으로 사랑했다."

도대체 나에게 무슨 일이 일어난 것인가? 나는 다리 밑 개천에 버려져 죽을 수밖에 없는 인생이었다. 나를 낳아준 부모님은 나를 버렸는데 내 진짜 엄마는 나를 살려주고 먹이고 입히고 죽을힘을 다해 뒷바라지해 주었다. 그리고 나에게 하나님과 예수님을 유산으로 물려주고 하나님을 아바 아버지라 부를 수 있게 해 주었다. 목사가 되고 선교사가 되라며 새벽마다 밤마다 기도했고 헌신했다. 자신의 청춘과 삶과 기도를 모두 아끼고 아껴서 아들에게 쏟아부어 준 것이다.

어느 정도 마음을 정리하고 나니 1997년도 일기에서 다음으로 넘어갈 수 있었다. 그렇게 다시 읽는 일기는 나에게 우리 가족의 이야기를 넘어서는 이야기로 다가왔다. 엄마가 남긴 믿음의 유산을 물려받은 나는 좋은 부모가 되는 것을 넘어서서 좋은 목회자가 되어야 했다.

우리 아들이 능력 있는 자나 연약한 자나 모두 품어줄 수 있는 목회자 되기를 기도합니다. 돈 있는 자나 없는 자나 한결같이 사랑해주고 기도해 주는 목회자 되기를 기도합니다. 특히 하나님이 어떤 이를 사랑하는지 그 마음을 잘 품고 살기를 기도합니다. 가진 것 없다고 남에게 무시당하고 손가락질당하는 사람들 사랑해주고 기도해 주는 목회자 되기를 기도합니다. 궁

핍해서 고개를 들고 살지 못하는 이들 손 잡아 주기를
기도합니다. 우리는 가진 것 없이 이렇게 어려운 가정
환경에서 살아왔지만, 우리 아들은 능력 있는 하나님
의 종이 되어서 하나님 뜻을 잘 따라서 깨끗한 하나님
의 종이 되기를 소망하며 기도합니다.

- '아들을 위한 기도'

믿음의 유산, 기도의 힘

나에게 엄마의 일기는 엄마와 아들의 이야기를 넘어섰
다. 교회와 목회와 성도들에게로 확장되었다. 하나님께서 죽
을 수밖에 없던 나를 살리신 이유가 있을 것이라는 생각 때
문이었다. 한밤중에 개천에서 버려져 죽을 갓난아이가 오십
년을 더 살아 목사가 되었고 선교사가 되었다. 그러니 나는
우리 엄마와 같은 분들, 우리 아버지와 같은 분들 그리고 죽
을 수 밖에 없었던 나와 같은 이들을 위해 내 삶을 내어주어
야 한다. 예수님은 생명이시다. 빛이시다. 소망이시다. 살리
시는 분이시다. 구원자이시다. 내가 이 길 말고 다른 것을 좇

는다면 그것은 생명의 길이 아니다. 빛의 길이 아니다. 소망의 길이 아니다. 구원의 길이 아니다. 죽는 길이 되고 말 것이다.

엄마의 일기는 화려한 언어, 미사여구, 수준 높은 이야기는 아니다. 하지만 삶의 언어이고 진솔한 신앙고백이다. 이 땅을 지키고 교회를 지켰던 우리네 엄마들의 언어다. 우리보다 앞서서 이 땅을 살아갔고 모든 풍파를 살아 내며 교회와 가족과 이웃을 사랑하고 지켰던 집사님, 권사님, 장로님, 전도사님, 목사님의 이야기이고 기도다.

섬에서 태어나 산 넘고 물 건너 초등학교를 졸업했던 것이 배움의 전부였던 엄마는 성경을 손에서 놓지 않았다. 매년 성경을 1독 이상씩 통독했다. 그러니 성경을 30번 넘게 통독한 것이다. 엄마는 모든 예배의 설교를 귀로만 듣지 않고 설교 노트를 적었다. 1980년대부터 쓰기 시작한 설교 노트만 수십 권이다. 교회에서 하는 성경 강의나 성경 학교도 빠지지 않고 다녔다. 성경학교 입학증과 졸업증을 가보처럼 보관했다. 엄마의 일기를 읽으며 어쩌면 지금의 우리는 오래전 어거스틴Aurelius Augustinus이 안타까워했던 그 모습에서 벗어나지 못한 것은 아닐까 하는 생각도 들었다.

"우리에게 대체 무엇이 문제란 말인가? 이게 뭔가? 자네는 무엇을 들었는가? 배우지 못한 자는 일어나 하늘을 붙잡는데, 우리는 온갖 학문을 닦았어도 마음이 보잘것없이 혈육 가운데 몸부림치고 있으니 말이지." (어거스틴, 『고백록』)

엄마는 이제 병상에 누워 말씀이 없으시다. 나를 바라보며 환하게 웃던 미소도 볼 수 없다. 밥은 잘 먹고 다니냐며 내 손을 잡던 그 손길도 느낄 수 없다. 부모님의 병실에 들어가면 긴 침묵만이 가득하다. 하지만 내 귀에는 잠든 내 머리맡에서 기도하시던 엄마의 기도 소리가 들리는 것만 같다. 엄마의 마지막 일기는 2020년 4월 2일이다. 2019년 일기부터 글씨체가 보기 힘들 정도로 이상해진다. 글씨체만 이상이 있는 게 아니라 내용도 횡설수설할 때가 많았다. 그리고 건강이 급격히 나빠지시더니 결국 매일 쓰던 일기가 2020년 4월 2일로 끝난다.

아침에 일어나서 허리가 꼼짝도 못 하겠습니다. 어찌

하면 좋을까요. 우리 하나님 아버지 믿습니다. 우리

이 집사님, 우리 이 목사, 우리 수인 사모, 승찬, 지헌,

승우를 품 안에 넣어주시고 인도하여 주시옵소서. 걱

정 근심하지 않고 마음의 평안함을 주시옵소서. 우리

일곱 식구 주님 품 안에 넣어주세요. 아무런 일이 없

도록 주여 도와주세요.

엄마의 일기는 멈췄지만 마지막 일기에는 엄마가 평생

가장 간절히 기도했던 기도 제목이 그대로 담겨있다. 병상에

누워 아무런 대화를 할 수 없지만 나는 엄마가 당신의 시간

과 공간 속에서 마지막에 쓴 일기의 그 기도를 끝없이 하고

있다는 것을 알고 있다. 그렇게 엄마는 지금도 세상 그 무엇

과도 바꿀 수 없는 신앙의 유산으로 하나밖에 없는 아들에게

기도로 말을 걸어오신다.

"심령이 가난한 자는 복이 있나니 천국이 그들의 것임이

요."(마태복음 5:3)

엄마는 일기를 쓰고 기도하며 하나님 나라가 임하길 소망하고 간구했다. 엄마가 일기를 쓰고 기도하면 그곳에 하나님 나라가 임했다. 엄마는 언제나 가난한 자로서 천국을 소망했다. 엄마의 일기는 빛이었고 소망이었다. 엄마의 기도는 하늘에 닿는 기도였다. 그래서 나는 우리 시대의 교회와 성도들이 자녀를 위해 가난한 마음으로 엄마의 일기, 아빠의 일기를 쓰는 일을 함께하는 소망을 품게 되었다. 엄마의 일기와 기도가 오십 년 전 죽을 수밖에 없던 한 생명을 살렸다. 이 땅의 생명뿐 아니라 영혼의 생명까지도 살렸다.

나도 아이들을 키우고 있고 독일에서 2세와 3세들의 신앙을 위해 나름의 노력도 많이 해 왔다. 꽤 오랜 시간 유럽의 유학생들을 위한 코스타 사역도 도왔다. 그래서 교회와 부모님과 젊은이들의 신앙에 대한 고민이 얼마나 깊은지 잘 알고 있다. 이럴수록 기본으로 돌아가서 첫 단추부터 다시 시작해 보는 게 정말 중요하다고 생각한다. 정말 아이들의 믿음이 걱정되고 염려된다면 교회의 어른들 그리고 부모님이 신앙의 일기를 쓰며 성경 묵상과 기도부터 다시 시작하는 것이 먼저라는 생각이 들었다. 보여주기 위하거나 어떤 필요 때문에 '형식'으로서의 성경을 묵상하고 기도하는 게 아니라 묵상이 내 존재가 되고 기도가 내 존재가 되기 위해 아무도 보지 않는 나만의 일기장에 매일의 기도와 묵상을 적어나가 보는 것 말이다. 그래서 엄마와 아빠의 일기가 하늘에 닿으면 우리의 자녀들에게 어떤 일이 일어나는지 맛보고 누리길 소망해 본다.

아들의 소망

부모님은 늘 바빴다. 아버지는 언제나 햇볕에 그을린 구릿빛 피부에 하얀색 메리야스를 입고 있었다. 언제나 이 모습으로 새벽에는 바다에서, 낮에는 논과 밭에서 일했다. 엄마도 참 부지런했다. 꼼꼼하고 깔끔했다. 힘든 일을 해야 했지만 노래를 흥얼거리며 즐겁게 일했고, 마을 분들과 웃으며 지냈다. 어려운 살림에도 손이 커서 언제나 음식을 많이 해 이웃과 나누고 집에 초대도 많이 했다. 그래서 나는 우리 집이 가난하다고 생각하지 않았다. 하지만 현실은 전혀 그렇지 않았다.

1994년 7월 20일 수요일

오늘은 우리 남편 이 집사님 생일인데 제대로 식사도 못 차려 드려서 너무나 마음이 아프고 슬펐습니다. 아무리 어려워도 매년 어떻게든 생일상 차려드렸는데 돈이 무엇인지 모르겠습니다. 우리 남편이 너무 불쌍합니다. 부모 잘 만나지 못해서 그런 것인지 어려운 일만 골라 하는데 생일상도 받지 못합니다. 이렇게 사는 게 이 세상에서는 고생이라고 말하지만 우리 이 집사님께 영원한 천국을 바라보며 살자고 말해주고 싶습니다. 하나님 우리 이 집사님 지켜주세요.

1994년 8월 20일 토요일

오늘은 우리 목사님 식사 대접하기로 한 날입니다. 그래서 얼른 음식 만들어 놓고 고추밭에 나가 고추 따고 밭에 농약 치고 왔습니다. 그런데 목사님이 전화를 받지 않았습니다. 나중에 전화가 왔는데 광주에서 갑자기 손님이 오셨다고 했습니다. 같이 오시라고 했습니다. 식사 대접을 할 수 있어서 우리 주님 감사합니다.

내가 어릴 적에 부모님은 항상 인사를 중요하게 여겼다. 동네 어른들을 보면 무조건 인사 잘해야 한다고 교육했다. 그래서 길을 가다 마주치는 사람은 물론이고, 밭이나 논에서 일하는 어른들을 향해 일부러 크게 소리 높여 "안녕하세요!" 인사하며 다녔던 기억이 생생하다. 그래서 동네에서 내 별명이 '인사 대장' 이었다. 부모님은 누구보다 사람과 사람 사이를 중요하게 생각했다. 그러니 언제나 남의 것을 탐내거나 신세 지거나 해코지하지 못하고 남을 도우며 자신들이 손해 입는 편을 택했다.

1994년 4월 23일 토요일

하나님 감사합니다. 오늘 새벽에도 새벽기도회 참석할 수 있도록 지켜주시니 감사합니다. 그리고 아침에 모를 상자에 담았습니다. 철수네, 영희네, 김 집사님네 상자에도 넣었습니다. 그리고 순이네와 최 집사님네 고추 비니루 씌우고 집에 돌아오니 너무너무 피곤하고 지쳤습니다. 얼마나 피곤한지 말도 못하겠어요. 그래도 기도하러 교회에 가는데 너무 피곤하여 걸어가는데 눈물이 글썽 돌았습니다.

나에게 부모님과 함께 살았던 기억은 초등학교 6학년

때까지가 전부다. 중학교 1학년 때 목포로 유학 나와 자취를 시작했다. 그 후 대학교 때까지 자취하거나 기숙사 생활을 했다. 그리고 사역하고 결혼하며 부모님과 함께 살 기회가 없었다. 거기에 독일 유학까지 가게 되었으니 40년 가까이 부모님과 떨어져 살았다. 그러니 엄마의 일기는 내가 알 수 없었던 부모님의 삶과 잊고 있었던 엄마의 생생한 모습들을 만나고 보고 만지고 느낄 수 있게 해 준 소중한 유산이 되었다.

1995년 10월 17일 화요일

우리 남편 좋은 소를 살 수 있게 해 주서서 감사합니다. 하지만 돈이 부족해 급전을 내서 사왔습니다. 돈이 급해 친정에 빌려 달라고 했어요. 마늘 팔면 갚겠다고 했어요. 100만 원만 빌려 달라고요. 그런데 못 해주겠다고 했어요. 앞이 캄캄하고 서운해서 눈물이 쏟아졌어요. 돈 없는 서러움이 몰려왔어요. 사방팔방 돌아다녀서 180만 원 빌려서 소를 산거예요. 저는 형제자매도 없는 처지인가 봐요.

하나님 아버지 어쩌면 저는 이렇게 서글픈 가난뱅이가 되었을까요. 우리 하나님 아버지는 부자이시지요? 없는 사람 있게도 하시고 있는 사람 없게도 하신 주님, 저는 정말 서러워요. 저는 왜 이렇게 복을 못 타고 났을까요. 몇 시간 동안 눈물이 쏟아져 걷잡을 수 없었어요. 저 같은 여자 만난 우리 남편과 아들도 불쌍하다는 생각이 들었어요.

1995년 10월 18일 수요일

어제저녁에는 잠을 이루지 못하고 밤을 꼬박 새웠어요. 남편과 고민을 한거에요. 왜냐면 처음으로 큰맘 먹고 소 한 마리 샀는데 급전을 굴려 산 게 걱정이에요. 실수한 게 아닌가 고민이 들었어요. 그런데 데려온 소가 아무것도 먹지 않고 있으니 이것도 걱정이에요. 좋은 소가 나왔다고 빨리 사라고 해서 급하게 산 건데 마늘 나오고 살 걸 그랬어요. 돈 빌려준 고마운 사람들에게 돈 빨리 갚게 도와주세요. 주님 우리 가정을 축복해 주세요.

저의 마음 한구석에 무엇이 꽉 누르고 있는 것 같아
요. 다름 아니라 우리 아들 이 전도사가 용돈을 달라
고 했는데 주지 못하고 있으니 마음이 아파요.

부모님은 멀리 떨어져 혼자 공부하는 아들의 학비를 대
기 위해 언제나 마음 쓰셔야 했다. 이렇게 처절하게 학비를
마련하고 용돈을 보내신 건지 정말 몰랐다. 그래서인가 늘
부모님은 나에게 "밥은 먹었냐"는 말로 안부를 물었다. 초
등학교 이후 혼자 자취를 했던 나에게 지나치리만큼 밥은
먹었냐고 물어보았다. 다른 집과 유별나게 밥 먹었냐 했던
진짜 이유를 오십이 넘어서 알게 되었다. 갓난아기 때 나는
어머니의 젖을 먹지 못하고 자랐다고 했다. 이유식이나 분
유 또한 제대로 먹지 못했다고 했다. 너무 가난해서 쌀은 언
감생심焉敢生心 구하기 어려웠고 이웃집에서 밥 짓고 남은
누룽지 같은 것을 구해서 그걸 끓여 모유 대신 그리고 분유
대신 미음처럼 먹였다고 했다. 아마도 엄마는 평생 갓난아
이 때 가난해서 잘 먹이지 못했던 것이 가슴에 많이 남았던

114

것 같다.

1995년 11월 11일 토요일

아침 식사를 하고 우리 아들 이 전도사에게 전화했어
요. 몸이 아팠다고 했어요. 하나 있는 아들 함께 살지
못하고 남의 집에서 사는 게 날마다 마음이 아픕니다.
우리 이 전도사 지켜주세요.

1996년 8월 24일 토요일

우리 화정이 개학이라 학교로 돌아가는데 돈을 이만
원만 준 게 너무 마음이 아파서 제가 가지고 있는 금
반지를 팔았어요. 돈을 보내려고 광주은행을 들어가
니 사람들이 등록금을 내려고 얼마나 많은지 몰라요.
다행히 11시에 돈을 보내고 차비 천 원 아끼려고 아
픈 다리 이끌고 병원으로 걸어왔어요.

나는 어려서 부모님의 신앙생활에 대해 특별하거나 대
단하게 여겨본 적이 없었다. 매일 새벽에 기도하러 가고 수

요일이면 수요예배 가고 우리 집에서 구역예배 드리고 주일이면 교회에 가는 것이 당연한 일상이었기 때문이다. 그런데 내가 목사가 되고 담임 목회를 하며 부모님의 신앙에 대해 제대로 알게 되었다. 일기를 읽어가면 갈수록 그 힘든 일과 속에서 교회를 다니고 믿음을 지키며 하루도 빠짐없이 한 시간 넘는 시골길을 걸어가 새벽 기도를 지키셨다는 것은 충격에 가까웠다. 이렇게 힘들게 믿음을 지키며 살아왔는지 정말 몰랐다. 아들에게 신앙생활 하는게 힘들다는 표현을 전혀 하지 않았다. 부모님 곁에서 살았더라면 좀 더 일찍 알았을텐데…. 엄마가 30년이 넘도록 일기를 쓰면서 기록해놓지 않았다면 아예 몰랐을 부모님의 이야기, 엄마의 마음이었다.

엄마의 일기를 읽고 이 글을 쓰며 이 땅의 부모님들이 자녀들을 위해 기록을 남기면 좋겠다는 생각이 들었다. 30년 일기가 아닌 30일 정도의 일기라도 써 놓으면 자녀들에게 값진 유산이 될 것이다. 우리의 기억은 왜곡되고 편집되고 사라진다. 생각하고 싶은 것만 생각하게 될 때가 많다. 결혼하고 부모가 되면 가족들을 챙기느라 바쁘고 힘겹게 살아간다. 자녀들에게 엄마와 아빠의 인생과 삶 그리고 신앙을 이야기해 줄 여유조차 없다. 그러다 자녀들이 장성하면 엄마와 아빠는 자녀들의 삶에서 점점 밀려날 수밖에 없다. 게다가 나이를 먹어가면 기억의 한계로 제대로 전달할 수 없게 된다. 지금 내 엄마와 아버지는 모두 치매를 앓고 있다. 만약 일기장이 없었다면 나는 부모님의 삶과 신앙에 대해 전혀 알 수 없었을 것이다.

엄마의 일기를 보며 나만 우리 부모님의 삶을 제대로 몰랐던건 아닐 것이라는 생각이 들었다. 우리는 부모님의 인생을 너무 모르고 살아간다. 어떻게 살아왔는지 들을 기회도 없이 바쁘게만 살아간다. 어쩌면 관심조차 없었던 것일 수도 있다. 하지만 일기를 읽고 또 읽으며 드는 생각이 우리 부모님의 신앙은 이 땅의 성도들과 교회에 꼭 필요한 이야기라는 것이다.

개인적인 바람이라면 부모님들이 자신이 살아온 지난날을 기록으로 남기고 다음 세대를 위해 신앙의 일기, 자녀를 위한 기도를 썼으면 한다. 삶의 일기, 기도의 일기를 쓰며 다음 세대에 엄마와 아빠가 어떻게 믿음을 지키며 살아왔는지,

교회 공동체가 어떤 곳이었고 어떤 곳이 되어야 하는지에 대해 기록해 두었으면 좋겠다. 엄마의 일기, 아빠의 일기, 자녀를 위한 기도 일기를 통해 우리 자녀들이 인생의 절망을 경험했을 때, 절벽 끝에 섰을 때, 부모님이 어떻게 그 위기를 넘어가고 다시 일어섰는지를 찾아볼 수 있게 해 주면 얼마나 좋을까. 그래서 우리가 인생의 고비 앞에 만난 빛과 소망을 자녀들에게 전해주어 그 빛을 만나며 답을 찾아갔으면 하는 바람이 생겼다.

우리는 교회의 희망이 예수 그리스도 한 분이라는 것을 잘 알고 있다. 예수님의 마음을 간직하고 삶에서 실천하는 것이 무엇보다 중요하다는 것도 잘 알고 있다. 그런데도 우리는 시대의 흐름에 조금 뒤처지는 것 같아서, 세상보다 뛰어난 프로그램이나 콘텐츠가 아니어서 조급하거나 불안해한다. 하지만 우리의 자녀들 앞에서 부모님과 어른들이 예수님을 마음에 품고 실천하는 삶을 살아간다면 그것보다 좋은 프로그램과 콘텐츠와 메시지가 있을까? 평생 목회를 해 온 내가 오십이 넘어서야 엄마의 일기를 읽으며 확실히 알게 되었다. 부모인 내가 우리 자녀들에게 이 유산을 물려주어야 하

고, 우리 교회의 부모 세대가 자녀 세대에게 이 유산을 물려

주어야 한다는 것을!

수고하고 무거운 짐 진 자

고난의 고난, 텅 비어버린 삶

엄마와 아버지는 요양원과 요양병원을 세 번 옮겨야 했고 이 글을 쓰고 있는 지금도 전라도의 한 요양병원에 입원해 계신다. 몇 번의 응급 상황을 보냈고, 증상이 나아지지 않아 병상에 누워 코에 줄을 삽입해 식사해야 한다. 아버지는 몇 년 전 요양원에서 욕창이 생겼고 증상이 심각해졌다. 피부에 큰 구멍이 생겨서 보기도 힘들 정도였다. 치매에 청력도 거의 잃어 정상적인 대화가 어려운 상태까지 이르렀다. 하지만 아버지는 병세가 악화되는 중에도 힘들다 하지 않고 언제나 웃으며 아들을 반겨주었다. 내 어린 시절 아버지의 미소 그대로다. 치매에 이도 모두 빠졌지만 환한 미소만큼은 변함없었다. 아버지의 미소만 보면 힘든 시절을 살아오셨다고 믿기 힘들 만큼 티 없이 환하게 웃으셨다. 하지만 엄마의 일기 속 아버지는 웃음이라고는 찾아볼 수 없을 만큼 험한 세월을 살아 내고 있었다.

일기를 보며 부모님은 병원에 갈 여유조차도 없었다는 것을 알게 되었다. 병원 갈 시간도 돈도 없었다. 그렇게 바보 같은 삶을 살면서도 언제나 하루의 일과를 새벽 기도로 시작했다. 나는 예전부터 부모님의 이런 모습을 보며 참 답답했었다. 이해하기 힘들었다. 병원에 가서 며칠 입원하고 치료받으면 될 일을 왜 이렇게 병을 키우나 싶었다. 하지만 일기를 읽어가며 엄마의 삶을 들여다보니 내가 쉽게 말할 수 있는 형편이 아니었다. 병원에 갈 시간도 없었지만 그런 여유조차 없는 삶이었다. 병원에 갈 엄두를 못 냈다는 것이 맞을 것이다. 그렇기에 엄마는 아무에게도 말할 수 없는 자신의 삶을 하나님께 쏟아내고 있었다. 정말 뭐라 말할 수 없이 하나님 앞에서 마음 다해 기도하는 반석 같은 신앙의 사람이었다.

<u>2004년 5월 1일 토요일</u>

오늘 아침에는 일찍 일어나지 못했습니다. 저녁에 몸이 많이 아팠어요. 병원 진단에 위가 좋지 않아요. 산부인과도 가봐야 한다고 했습니다. 염증 치료하라고 결과가 나왔다고 합니다. 죽으면 죽고 아프면 그냥 살

려고 하다가도 마음이 또 약해져요. 제가 없으면 우리 이 목사 부부와 우리 손자들 어느 누가 기도해 줄까요. 그것이 걸려요. 얼마나 외로울까요. 생각하면 악착같이 살고 싶어요. 이 시간도 그리고 영원토록 주님 함께 하여 주시어서 우리 자녀들 기도에 기둥이 되어주세요. 늘 우리 이 목사 건강해서 주의 일 하는데 부족함이 없게하여 주시고 섬기는 교회에서 성도님들한테 칭찬받고 인정받게 해주세요.

계속되는 농사일, 염전일, 감당하기 힘든 일의 연속이다. 아버지도 몇 번씩 농약에 노출되고 중독된다. 몸이 어떻게 버티겠는가. 엄마가 몸이 좋지 않아 수개월 입원해 계신 동안 아버진 혼자 이 일들을 감당해야 했다. 아마도 아버지의 병환이 이때부터 깊어진 것 같다.

2000년 7월 3일 월요일
우리 남편 큰 논에 거름하고 농약을 주러 몇 가지 약을 섞어서 했습니다. 그런데 저녁에 농약 때문에 독이 올라와 너무 아파합니다. 약 기계를 하면은 괜찮다고 하는데 사지 못하고 약 할 때마다 고생을 하시는군요. 생활이 너무 힘들어요.

2004년 7월 9일 금요일

우리 남편이 건강했으면 감사하겠어요. 주여 도와주세요. 농약 중독에 며칠 동안 너무 아파요.

2004년 7월 28일 수요일

백 년 만에 제일 더운 날이라고 합니다. 너무 더워요. 우리 남편 농약 중독이 되어서 힘들어 해요. 그래서 영양제 몇 병을 맞았는데도 낳지 않아요. 우리 하나님께서 치료하여 주셨으면 감사하겠어요.

2005년은 엄마에게 쉽지 않은 한 해였다. 가까운 이의 보증을 서주고 사기당하고 그 빚을 갚아야 했다. 그리고 나의 외할머니 그러니까 엄마의 엄마가 돌아가셨다. 그리고 아버지가 뇌경색으로 쓰러졌다. 아버지는 다행히 다시 일어나서 기본적인 생활을 했지만 엄마에게 버팀목이었던 아버지가 쓰러진 사건은 큰 충격이었다. 가까운 이에게 사기당하고 엄마도 돌아가시고 남편도 쓰러진 한 해였으니 얼마나 힘든 한 해였을까 싶다. 고난에 고난이 더해졌고 마음도 텅 비어버렸을 것이다. 엄마는 남편의 빈자리를 채우려 얼마나 애쓰셨을까. 안 그래도 많은 일을 홀로 감당해야 했다. 사기당한 빚까지 갚아야 했다. 장애가 있는 불편한 다리를 붙들고 동분서주했을 것이다. 그런데 엄마의 일기를 보면 아버지와 엄마는 육체적인 노동보다는 사람들의 배신이나 속임, 거짓말, 사기 때문에 힘들어했다.

2005년 4월 15일 금요일

오늘 아침에는 남편 콧줄이 빠져버렸습니다. 왜 빠졌는지 저도 알 수 없습니다. 그런데 다시 끼우려니 너무 힘들고 이 집사님도 말을 알아듣지 못하니 힘들어요. 콧줄을 다시 끼우는데 목에서 피가 다 나왔습니다. 의사가 와서 한바탕 했는데 의사도 몹시 당황해했습니다. 그런 데다 남편이 설사까지 해서 계속 기저귀

를 갈아 채우는데 너무 힘들고 눈물이 얼마나 나오는
지 정말로 힘이들었습니다. 다행히 우리 아들이 한국
에 있어서 거들어 주었습니다.

2005년 7월 16일 토요일
엄마가 오늘 세상을 떠나셨습니다. 우리 엄마가 그렇
게 돌아가실지 생각도 못 했습니다. 이제 나는 부모
없는 고아 순심이에요.

2005년 10월 21일 금요일
개똥이 아빠가 남편 도장 찍어주라고 했다. 개똥이네
가 1,500만 원 마이너스 통장을 만드는데 개똥이는
자기신용이 2,000만 원이니 걱정하지 말라고 했다.
그런데 알고 보니 3,000만 원을 쓰고 우리 남편을 보
증인으로 세웠다. 개똥이 아빠하고 개똥이하고 짜고
우리를 속이고 이렇게 도망해 버렸다.

아버지는 가난한 집에서 태어나 배운 것도 없고 경제적

으로도 어렵게 살아야 했다. 그러니 새벽부터 늦은 밤까지 김 양식장, 염전, 논과 밭을 오가며 쉴 틈 없이 일해야 했다. 폭우와 폭설이 내리는 날이 유일한 휴일이었다. 심지어 김 양식과 염전 일하며 수협에서 대출도 받았는데 사기까지 당했으니 그야말로 절망뿐인 삶이었다. 지금 돌이켜봐도 도대체 내 어린 시절 아버지의 환한 미소는 어떻게 이해해야 할지 모르겠다. 그 모든 짐을 짊어지고 잠잘 시간 없이 일하면서도 아들에게는 언제나 환한 미소를 짓던 아버지의 마음은 어떤 마음이었을까? 아이 셋을 낳아 키우고 있는 나지만 도무지 알 수 없을 것만 같다.

어려운 삶이었지만 아버지는 미소를 잃지 않고 묵묵히 교회 일과 이웃의 궂은일에 앞장섰다. 특히 교회 건축, 부흥회, 장례 같은 크고 작은 교회 일에 언제나 아버지는 남들이 가장 꺼리는 궂은일을 도맡아 했다. 교회 건축과 보수 공사 때면 흙과 시멘트와 벽돌과 같은 자재들을 이고 지고 날랐다. 이뿐만이 아니었다. 수십 년 전 섬마을 교회에 피아노와 반주자가 있을 리가 없었다. 그런 시절 아버지는 부흥회 기간 내내 몇 시간 동안 북채를 잡고 북을 쳤다. 아버지는 교회와 마을에 장례가 있으면 시체 염도 하고, 상여도 들고, 못자리를 파고, 떼를 덮는 일까지 도맡아 했다. 그렇게 아버지는 가난한 살림에 고된 노동을 했지만 교회 일과 이웃들의 어려움에 고개를 돌리지 않았다. 말수 없던 아버지의 신앙은 이런 모습이었다.

아버지는 남들이 꺼리고 불편해하며 멀리하는 궂은일 하는 것이 예수님이 기뻐하시는 일이라 여겼던 것 같다. 아버지는 이렇게 하는 것이 부족하고 무식하고 가난하고 연약한 자신을 구원해 주신 하나님의 은혜에 보답하는 길이라 여겼던 것 같다. 이제 와 돌아보니 신학생 시절 읽었던 사막의 교부 압바 포에멘Poeman이 했던 말이 생각났다. 우리의 부모님의 신앙은 신학적 지식이 있었던 것도 아니고 놀라운 영성가의 사상을 배운 것도 아니었다. 하지만 하나님 앞에 정직하고 순수하게 살아가니 저절로 하나님 나라의 진리를 삶으로 실천한 게 아닌가 싶었다. 배운 것 없고 가진 것 없던 우리 부모님들의 순수한 신앙을 하나님은 참 기뻐하셨던 것 같다. 그래서 지난날 우리의 교회가 그토록 부흥했던 것 아니었을까.

"이웃을 위해 자신의 목숨을 내놓는 것보다 더 큰 사랑은 없다. 설사 누군가에게서 욕설을 들은 사람이 자신도 똑같이 보복해 줄 수 있다 하더라도, 자신과 싸우며 잘 견뎌내어 상대방을 슬프게 하지 말아야 한다. 혹은 누군가에게서 상처를 입은 사람이 자신을 화나게 하고 괴롭힌 사람에게 보복하지 않고 참아 잘 견딘다면, 그러한 행동으로써 그는 자신의 목숨을 이웃을 위해 내놓는 것이다." (압바 포에멘)

부모님의 하나님이 내 하나님이 되고

누구나 다 그렇겠지만 엄마는 아버지보다 더 남들을 섬기고 도와주는 삶을 소중하게 여기는 분이었다. 그러니 내가 힘들지언정 남에게 아쉬운 소리 하지 않았고, 빚지는 것은 그 어떤 것보다 끔찍하게 싫어했다. 그러니 빚지고 살아가야 하는 엄마의 마음이 시커멓게 타들어 가다 못해 재가 되었던 것 같다. 새벽기도, 수요예배, 주일예배 때마다 얼마나 울며 예배하고 기도했을까. 갚아도 갚아도 보이지 않는 빚에 몸은 이미 만신창이인데도 쉼 없이 일해야 했다. 그런데도 부모님

131

은 신앙을 지켰고 믿음으로 삶을 살아 냈다. 아버지의 미소와 엄마의 사랑의 힘은 일기장에 적은 매일의 기도와 목숨처럼 지킨 예배와 성경 묵상 때문이 아니라면 무엇이라 할 수 있겠는가. 그렇게 부모님의 하나님은 내 하나님이 되었고, 물이 바다를 덮음같이 내 삶에 부모님의 신앙이 쓰나미가 되어 덮였다.

엄마는 1996년 교통사고를 당했다. 10개월여 동안 병원에 입원해야 했던 큰 사고였다. 엄마는 이 사고로 장애진단을 받게 된다. 이후로 엄마의 삶은 육체적으로나 정신적으로나 이전보다 훨씬 힘들었을 것이다. 교통사고 이후의 일기를 보면 "내일이 무섭고 일이 무섭다."는 글이 자주 보인다. 그런데 설상가상으로 엄마가 상수도 공사장 구덩이에 빠지는 사건이 발생한다. 정말 가슴 아픈 것은 외동아들인 내가 오십이 넘어서야 엄마의 일기장을 보고 엄마의 진짜 마음을 알았다는 것이다.

2003년 10월 6일 월요일

상수도 공사 한다고 하는 길 구덩이에 빠져서 면사

무소에 전화하고 현장 직원이 오셔서 차로 목포까지 데려가 한국병원에 입원했습니다. 발등에 뼈가 많이 부서졌어요.

병원에 입원해서도 엄마는 하나님 앞에 예배드리러 가지 못하는 것을 안타까워했다. 그래서 매일 새벽 병원 침대에 앉아 새벽기도를 했고, 몸이 좀 괜찮아지자 토요일에 집으로 돌아와 주일예배를 드리고 다시 월요일에 병원으로 돌아갔다. 처음 병원에 입원해서는 자기 몸 아픈 것보다 새벽예배, 수요예배, 주일예배를 드리지 못하는 것을 힘들어했다. 답답할 정도로 엄마의 삶 중심에는 예배와 기도와 성경이 있었다. 그게 엄마의 고단한 삶을 지탱해 주는 유일한 힘이었다.

그런데 엄마는 이렇게 아프고 어려운 이야기를 왜 아들에게 한마디도 하지 않았을까? 그런데 왜 하루도 빼 먹지 않고 일기는 썼을까? 처음 일기장을 발견하고 충격에 휩싸여 이런 생각이 머리에서 떠나지 않았다. 엄마의 일기는 일기가 아니었다. 매일 밤 하나님께 드리는 기도였다. 하루도 빼먹지 않고 밤마다 드리는 한 여인의 간구였다. 엄마의 일기는 엄마의 기도였다. 그 기도는 세상 누구도 알아주지 않는 이름 모를 한 무명의 그리스도인이 드리는 간구였다. 무릎으로 하루하루를 살아가는 것이 유일한 희망이고 빛이었던 믿음의 기도였다. 그렇게 엄마의 일기에는 이름도 없이 빛도 없이 살아가며 눈물의 기도로 복음의 씨앗을 심었던 이 땅의 무명의 그리스도인들이 지켜갔던 믿음과 신앙의 삶이 담겨 있었다.

2004년 7월 9일 금요일

너무나도 견디기 버거운 세월이 흘러가고 있습니다. 요즘 세상은 너무나 악랄한 것 같습니다. 우리 주님 도와주시고 인도하여 주세요. 그래서 우리가 하나님께서 말씀하신 지체를 서로 사랑하고 사랑을 베풀어 주라는 말씀을 잘 실천하며 살게 해주세요. 목사님이 설교 시간에 하신 말씀처럼 사랑 안에 살고 자기 욕심을 위하는 자가 되지 않고 주님 안에 칭찬받고 살 수 있도록 도와주세요. 하지만 이렇게 살아가는 것도 주님의 은혜입니다. 이 시간도 일하게 하시고 밥 먹고 살게 하시고 일용할 양식을 주신 하나님 아버지 감사합니다. 하지만 저는 너무나 연약합니다. 주님 우리들을 연약하지 않도록 붙잡아 주세요.

엄마는 수협에서 받은 대출 이자와 원금 상환의 부담에다 가까운 지인들에게 당한 몇 번의 사기로 마음이 참 어려웠던 것 같다. 그런데도 지체를 사랑하라는 말씀을 가슴에 품고 어떻게든 본인들이 감당해 보려고 몸부림쳤다.

엄마의 일기는 SNS에서 누군가에게 내 존재를 알리고 싶어서 쓴 글이 아니다. 서사를 만들어 극적으로 표현해 사람들에게 감동을 주기 위해 애쓴 글도 아니다. 매일 밤 하나님 앞에 자신의 하루를 고백하며 드리는 진솔한 기도였다. 누가 시켜서 한 것도 아니고 누군가에게 보여주기 위한 것도 아니었다. 하나님 앞에 선 단독자로서 드리는 기도였고 간구였다.

페이스북에는 멍청이가 하나도 없고 인스타그램에는 불행한 사람이 하나도 없다는 말이 있다. 그런데 엄마의 일기, 엄마의 기도에는 하나님 앞에서 멍청하고 못난 자신이 한가득 담겨 있고, 고단하고 불안하고 억울하고 버거운 삶이 한

135

가득 담겨 있다. 하지만 그 어떤 믿음보다 견고한 믿음이 바로 엄마의 일기에서 만난 엄마의 기도다. 내 글이 그 누구보다 똑똑하게 보이기 위해 애쓰고, 내 삶이 누구나 부러워할 만한 행복한 삶이길 바라는 우리가 드리는 기도에서는 도저히 찾아볼 수 없는 믿음이고 신앙의 모습이다. 하나님이 없어도 살 수 있을 것 같은 이들은 하나님 없이는 도저히 살 수 없는 믿음을 가질 수 없다. 그런 기도를 드릴 수 없다. 내 존재가 신앙이고 기도인 삶을 찾아볼 수 없다. 하지만 엄마의 일기에서는 그 모습을 발견할 수 있다. 신앙과 기도가 존재 자체인 삶을 말이다. 우리의 어머니, 할머니들의 신앙은 그랬다.

엄마의 기도

일흔이 넘은 노구를 이끌고 길을 떠난다. 정든 고향과 친지, 이웃들을 뒤로하고 말씀만 붙들고 무작정 떠났다(창12:1-2). 익숙하고 안정된 것에서 떠나야 새로움이 생기는 것일까? 떠나는 곳에 인맥이나 돈이나 권력이나 정치는 없었다. 익숙한 세상의 방법과는 전혀 달랐다. 그런데도 그저 묵묵히 걸어갔다. 그리고 결단한다. 여호와께 제단을 쌓고 여호와의 이름을 불렀다(창12:7-8). 아브라함의 인생이었다.

아브라함의 기도

어려움과 고난이 없었을까? 불투명한 미래에 대한 두려움이 없었을까? 아니다. 땅에 기근이 들었다. 하나님은 분명히 그 땅을 주겠다고 하셨는데 먹을 것도 없단다. 이런 황당함이 어디 있나. 하는 수 없이 이집트로 가야 했다. 하지만 곧바로 죽음의 공포가 엄습했다. 그래서 자기 아내 사라를 누이라 속였다. 이집트 왕국의 파라오에게 아내를 뺏길 뻔했다. 하나님은 파라오와 그의 집안에 재앙을 내리고 아브라함은 파라오에게 내쫓겨 다시 길을 떠나게 된다.

하나님이 복 주신다고 하셨는데 혼란스럽지 않았을까. 내가 정말 잘한 일인가 자책 하지 않았을까. 하지만 다시금 마음을 다잡는다. 처음 제단을 쌓고 주님을 찬미했던 그곳으로 돌아가 흔들렸던 마음, 불안했던 마음, 잠시 의심했던 마음을 한데 모아본다. 무엇보다 내 생각, 내 기대, 내 예측에서 떠나 오롯이 하나님 안에 자기 마음을 내려놓는다. 자신의 잘못을 뉘우치고 바로 그 제단에서 주님을 찬미하여 마음을 가다듬는다. 아브라함의 인생이었다.

엄마를 보면 아브라함이 생각나고 아브라함을 보면 엄마가 생각난다. 엄마의 일기를 읽으며 기도의 부모님, 믿음의 선배님, 무명의 그리스도인이 떠올랐다. 이분들의 삶에 고난이 없었을까? 하는 일마다 승승장구했을까? 전혀 그렇지 않았을 것이다. 오히려 고난에 고난이 더 해졌고, 창고는 텅 비어 있었다. 하지만 고난에 고난이 더해져도 그래서 우리에 양 떼가 없고, 외양간에 송아지가 없고, 감람나무 열매 그치고, 논밭에 식물이 말라도 그것을 어떻게 바라보고 어떻게 믿으며 어떻게 살아가는가는 각자의 신앙에 따라 달랐다.

다시 주님을 기억하고 그곳에 제단을 쌓는 것(창13:18). 다시 묻고 다시 돌아서고 불가능해도 하나님의 약속을 믿고 허허 웃으며 걸어갔던 아브라함과 사라처럼 우리의 엄마, 아버지가 그렇게 살아가셨다. 그렇게 살아간 조국 교회의 믿음의 선배들이 있었다. 무명의 그리스도인이 있었다. 날마다 하나님 앞에 무릎 꿇고 간절히 기도하는 기도의 제단이 있었다. 예배의 제단이 있었다. 여호와 하나님으로만 즐거워하는 순결한 믿음이 있었다. 주님은 이미 아브라함의 어려움을 알고 계신다. 그분께서는 아브라함을 밖으로 데리고 나가 별들이 반짝이는 밤하늘을 가리키며 말씀하신다.

"그를 이끌고 밖으로 나가 이르시되 하늘을 우러러 뭇별을 셀 수 있나 보라 또 그에게 이르시되 네 자손이 이와 같으리라 아브람이 여호와를 믿으니 여호와께서 이를 그의 의로 여기시고"(창세기 15:5-6)

그리고는 아브라함을 인정해주시며 이 믿음의 토대 위에 아브라함과 계약을 맺고 아브라함으로 새 사람, 새 삶을 시작하게 했다(창17:4-5). 그의 나이 아흔아홉 살이었다. 이후에도 수많은 사건 속에서 의심과 돌이킴 그리고 확인과 시험의 연속이었다. 실수도 있었고 넘어지기도 했다. 하지만 아브라함은 언제나 기도의 제단 앞으로 나아갔다. 이 땅의 수많은 무명의 그리스도인들의 기도가 그랬다. 언제나 기도의 제단 앞으로 나아갔다. 새벽마다 간절히 기도했다. 밤마다 가슴을 치며 기도했다. 그리고 하나님 앞에서 자신의 고단한 삶을 다시 살아 냈다.

엄마의 기도

엄마는 하나님을 세상 모든 만물의 주관자 되신다고 믿었다. 세상을 창조하시고 창조의 질서대로 이끄신다고 믿었다. 그래서 매일매일 반복되는 일상에서도 하나님을 찾았고 자연의 현상에서도 하나님을 찾고 고백하며 살아갔다.

비가 내리고 있어요. 장마가 온다고 하니 어찌해요.

민들레 태풍이 온다고 하니 어찌해요. 고추와 밭작물

이 너무 피해가 될 것 같아요. 우리 섬에 제일 많이 비

가 온다고 하니 큰일이 났어요. 비가 오고 물이 많이

들어서 해일이 일어 피해가 올지 몰라요. 우리를 지켜

주세요. 우리 하나님은 모든 만사를 주장하시고 창조

하신 하나님 아버지입니다.

엄마의 기도는 곳곳에서 응답 되었다. 엄마는 이 믿음으

로 살아갔다. 작은 섬마을에서 김 양식을 하고, 염전을 일구

고, 논과 밭에서 농사일하는 엄마와 아버지에게는 정말 큰

믿음이었다. 콘크리트 아파트에서 슈퍼컴퓨터로 예측하는

일기예보를 들으면서도 걱정과 염려가 앞서는 지금의 우리

에게는 찾기 힘든 믿음의 기도다.

2004년 7월 4일 주일

귀하고 복된 주일 주님께서 함께하시고 비가 오고 민

들레 태풍이 온다고 했는데 종국에 오다가 파산되고 말았습니다. 그래서 태풍이 제주에서 목포로 곧바로 온다고 했는데 오다가 말았습니다. 주님 기도 들어 주셔서 감사해요.

2004년 7월 5일 월요일
오늘은 비가 주춤한 것 같아요. 바람만 덜 불어도 하나님 은혜입니다. 감사드려요.

내가 처한 상황은 더 나빠지기만 한다. 삶의 환경은 갈수록 가라앉는 것만 같다. 죽을 것 같이 힘들고 어려운 일이 겹겹이 쌓인다. 하지만 엄마가 그 모든 일을 대하는 자세와 결론은 언제나 동일했다. 엄마는 어떤 상황과 환경과 결론에도 하나님께 감사하는 기도로 일기를 끝냈다. 우리 엄마만 그러했던 것은 아니다. 우리의 믿음의 엄마와 할머니들이 이렇게 기도했다. 믿음의 아버지들이 이렇게 기도했다. 토마스 아 켐피스Thomas a Kempis의 『그리스도를 본받아』에는 그 시절 우리의 부모님들이 기도했던 모습을 그리는 것 같은 내용이 있다.

"그대의 방문을 걸어 잠그고 그대의 기쁨이신 예수님을 그
대 자신에게 부르십시오. 그분과 함께 방에 머무르십시오.
그대는 어떤 다른 곳에서도 그와 같이 커다란 평화를 얻지
못할 것이기 때문입니다."

우리의 부모님들이 새벽 기도 때마다, 골방에서 기도할
때마다 이러한 믿음과 신앙으로 기도했다. 세상의 온갖 어려
움 앞에서도 절망하거나 좌절하지 않고 기도의 골방으로 들
어가 방문을 걸어 잠그고 예수님 앞으로 나가 기도했다. 그
기도의 자리에서 참된 평화를 얻었다.

2004년 3월 29일 월요일

하나님 아버지 이 시간도 함께 하심을 감사해요. 산부
인과에서 검사하니 물혹이 있는데 아직 작다고 1년
후에 한 번 더 오라고 합니다. 그런데 정말로 생활하
는 것조차도 너무 힘들고 신앙생활 하는데도 너무 힘

듭니다. 주여 도와주소서. 세상 사람들은 예수 믿는 사람은 아프지도 않고 부자로 사는 것처럼 말합니다.

1994년 4월 26일 화요일

오늘 아침에도 세상 사람과 접촉하지 않고 세상 만물과 상관하지 않고 제일 먼저 하나님 아버지를 만났습니다. 그리고 주님과 대화 했습니다. 그리고 집에 들어와서 아침 식사를 하고 고추밭에 갔습니다. 오늘 하루도 우리 남편과 아들 이 전도사를 지켜주신 은혜 진심으로 감사하며 우리 이 전도사를 위해 기도하며 그 재미로 일하며 살게 해 주셔서 감사합니다.

부모가 된 나는 부모의 자리에서 이런 기도를 드리고 있는가? 이런 믿음의 씨앗을 심고 있는가? 몇 번이나 내 모습을 돌아봤다. 우리 엄마의 기도와 믿음이 나에게 물이 바다 덮음 같이 밀려왔듯이 나의 자녀들에게 내 기도와 믿음은 어떤 유산이 될까. 지금 우리의 교회는 다음 세대들에게 어떤 믿음의 유산을 물려주게 될까. 우리 엄마와 할머니가 새벽기도 할 때의 간절함이 나와 우리에게 얼마나 남아 있는 것일까. 기도가 일상이고 삶이었던 분들께 받은 믿음의 유산을 우리의 자녀들에게 얼마나 넘겨줄 수 있을까. 이 좋은 믿음의 유산이 다음 세대에 꼭 흘러가야 할 가장 가치 있는 '가보家寶' 아닐까.

믿음의 유산, 기도하는 마음

교회 학교에 대한 걱정, 우리 아이들의 신앙에 대한 고민은 날이 더해갈수록 깊어만 간다. 우리나라의 출산율은 몇 년째 세계 최저이고 이는 심각한 사회 문제다. 여기에 종교를 멀리하려는 문화가 젊은 세대를 뒤흔들고 있다. 그리고 교회에 대한 실망까지 더해져 젊은이들은 점점 교회를 멀리하고 있다. 그래서 교회는 참 고민이 많다. 그런데 엄마의 일기, 엄마의 기도를 읽으며 신앙의 선배들이 걸어갔던 모습 속에서 우리 부모 세대가 놓치고 있는 중요한 것 한 가지를 발견할 수 있었다. 바로 기도하는 마음이다. 우리는 그 어느 때보다 교회에 대한 고민을 많이 한다. 하지만 기도하는 마음과 같은 믿음의 선배들이 남겨준 소중한 유산은 뒷전으로 밀어내고 있다. 그리고는 그 자리에 아이들이 좋아할 만한 무언가로 채우려고 한다. 아니 꽤 오랜 시간 우리는 그렇게 해 왔다. 하지만 아이들은 교회를 떠나고 있다.

1994년 5월 15일 주일

주일학교 간식을 내가 이 세상에서 사는 동안 최선을 다해 책임지는 것으로 하나님과 교사들과 약속했습니다.

1994년 5월 22일 주일

아침에 염전에 나가 일하고 돌아와 식사하고 주일학교 시간에 맞춰 8시에 교회로 출발했습니다. 그러나 가는 내내 저 자신이 부끄러웠습니다. 공과 공부를 온전히 준비하지 못하고 성경책도 열심히 읽지 못했습니다. 아이들을 만나 기도할 때 우리 주님 앞에 용서해달라는 기도밖에 하지 못했습니다.

1997년 4월 13일 주일

주일마다 우리 남편이 아무리 바쁘고 생활이 어려워
도 주일학교 학생들 간식을 사다 줍니다. 저는 이것을
볼 때마다 너무 감사해요. 우리 남편 건강 주시고 더
욱더 봉사하고 기도 생활 잘 할 수 있게 도와주세요.

부모는 아이들의 거울이라는 말을 모르는 사람은 없다.
아이들은 부모의 신앙을 보고 배운다. 그런데 부모의 신앙은
별로 배울 것이 없다는 생각이 들면 그때부터 문제를 풀기는
참 쉽지 않다. 아무리 힘들어도 매일 기도하는 부모님, 하나
님 앞에서 겸손하게 살아가는 부모님, 이웃을 사랑하고 어려
운 이들의 손을 잡아주는 부모님의 모습에서 아이들은 하나
님을 만난다. 그리고 그런 부모님이 자신을 위해 드리는 간
절한 기도의 소리를 들으며 하나님의 임재를 경험한다.

1995년 11월 16일 목요일

하나님, 우리 아들 이 전도사 항상 기도하는 하나님의
종 되게 도와주세요. 능력 받아서 항상 주안에서 기도

하고 말씀 전하는 종 되게 지켜주시고 은총 베풀어 주
세요.

하나님의 종 우리 아들 이화정 전도사를 지켜주세요.
우리 이 전도사 유치원 학생들 운전하며 봉사합니다.
운전할 때마다 어려운 일 없게 하시고 우리 주님 기뻐
하시는 일만 있게 하세요.

주여, 우리 아들 이 전도사가 26일 입대해야 하는데
연기하고 아르바이트를 한다고 합니다. 택시기사 일
을 한다고요. 저는 두렵습니다. 무섭습니다. 하지 않으
면 좋으련만 꼭 한다고 합니다. 용돈을 제때 주지 못
한 부모의 마음 헤아려 주었으면 좋겠습니다. 아들아
미안하다.

하나님 우리 아들 이 전도사가 능력 받아야 합니다.
성령 받아야 합니다. 우리 이 전도사가 열심 있는 종
이 되어야 하고 하나님의 능력을 받아야 하고 물질에
탐욕 부리지 말고 오직 하나님 말씀 안에 살게 해 주
세요.

정말 중요한 것은 부모 된 우리들의 자녀들을 향한 마음
이다. 다른 마음이 아닌 기도하는 마음 말이다. 우리의 할머
니 할아버지와 어머니 아버지가 그렇게 기도하며 우리에게
신앙의 유산을 물려주셨다. 한경직 목사님은 '자녀에게 줄
유산'이라는 설교에서 자녀들에게 물려줄 신앙의 유산에 대
해 이렇게 말씀하셨다.

"내가 전에 들으니 6.25때 어떤 미국 군인이 어떻게 한국
교회에 와서 예배를 보는데, 여자가 기도를 하는데 말은 모
르겠으나 어떻게 간절히 기도하는 그 기도 소리를 듣고 마
음에 큰 감화를 받았다고 합니다. 뜻은 모르나 기도하는 음

성과 기도하는 모습을 보니 아주 성스러워 큰 감화를 받았습니다. 제 경험을 가만 더듬어 보아도 우리 시골에서 한번은 예배 볼 때에 어떤 영수님이 일어나서 기도하는데, 무슨 말인지 어려서 잘 모르겠으나 눈물을 흘리면서 간절히 기도하는데 어렸을 때 본 그이의 모습이 사라지지 않습니다. 왜 그런고 하니 제가 어렸을 때 처음으로 엄숙하고 경건하고 고귀한 얼굴을 보았기 때문입니다. 결국은 우리 자녀들에게 이런 고귀한 생활과 인격의 모습을 부모들이 보여주어야 합니다." (『한경직 목사 설교전집 8권』)

우리는 부모님께 이렇게 소중한 유산을 받았다. 그런데 거저 받은 것은 잊어버리고 마치 내 믿음이 지금 우리의 교회를 만들어 낸 것처럼 마음껏 누리려고만 했다. 하지만 이제 우리는 조부모님과 부모님이 남겨주신 믿음의 유산을 전부 탕진해 버렸다. 그리고는 교회를 떠나려는 우리의 자녀들을 위해 무언가 다른 것을 주려고 하고 있다. 우리가 정말 자녀들에게 물려 주어야 할 믿음의 유산은 무엇일까? 한경직 목사님이 말씀하신 "고귀한 생활과 인격의 모습"이 어떤 신앙의 모습일지는 너무도 분명하다. 우리의 자녀들에게 겉모습이 아닌 기도하는 마음을 느끼게 해 줘야 한다. 엄마와 아빠가 하나님 앞에 서서 겸허히 무릎 꿇고 기도하는 그 마음을 보여주어야 한다.

간구하는 기도

엄마는 내가 생각하는 것보다 훨씬 더 많이 힘들었다. 어리고 철없던 나는 몰랐다. 엄마는 육체적으로도, 물질적으로도, 신앙적으로도 내가 상상할 수 없을 만큼 힘들었다.

2004년 8월 3일 화요일

오늘은 밭에서 녹두를 따다가 몇 번이고 넘어졌어요. 하나님 아버지께 저는 왜 이렇게 살아야 하는지 물었어요. 그런데 하나님께서 하시는 응답이 '너는 그 일이 너 하는 일이 아니다. 전도하고 병든 불쌍한 영혼들 위해 기도해 줄 수 있는 자니라.' 하나님의 음성이었어요. 제 생각에도 항상 그 생각이었지요. 주여, 세

상일만 얽매여 사는 이 부족한 딸을 용서하세요. 아직
은 제 삶은 힘들기만 하네요.

엄마의 삶은 말할 수 없을 만큼 힘들었지만 사람들에게
하소연하기보다는 매일 새벽마다 그리고 밤마다 기도하시면
서 하나님께 눈물로 간구했다. 요즘에는 찾아보기 힘든 기도
의 삶이다. 그런데 이렇게 힘든 삶을 살면서도 자신을 사용
해 달라고 기도한다. 수술하고 장애 진단받고 사라지지 않는
통증에 시달리며 살아가는 여인의 입에서 이런 기도가 나올
수 있는가 싶은 기도다.

2004년 3월 12일 금요일
하나님 아버지 도와주세요. 영육간에 강건함을 주시
어 하나님의 일 하게 해 주세요. 저를 사용해 주세요.
저를 꼭 써 주세요. 이 생명 다할 때까지 주의 일 하겠
사오니 저를 사용해 주세요. 이 생명 영원토록 주의
뜻 안에 살기를 원합니다.

엄마는 가난한 남편을 만나 평생 빚을 갚으며 살아야 했다. 여유라고는 찾아볼 수 없는 삶이었다. 돈 없고 배운 것 없어서 무시당하기 일쑤였다. 그래서 울면서 기도했다. 억울하고 답답해했다. 하지만 엄마의 기도는 여기서 그치지 않았다. 복을 더 달라고, 부자 되게 해 달라고, 빚 갚게 해 달라는 기도에서 멈추지 않았다. 아픈 몸, 어려운 상황, 암울한 내일에 원망하고 절망하고 포기하는 삶을 살지 않았다. 엄마에게 하나님은 빛이었다. 지혜였다. 소망이었다. 그런 엄마에게 하나님은 언제나 은혜를 주셨다.

1994년 4월 29일 금요일
정말 피곤하지만 교회로 기도하러 갑니다. 기도하는 중에 환상이 보였습니다.

1995년 11월 26일 주일
하나님 아버지 우리 남편 주일을 지키지 못하니 어떻게 하지요. 주여 불쌍한 아들 용서하여 주세요. 강건케 하여 주시고 불초한 아들이지만 지켜주세요. 우리 이 집사님 아침밥도 못 먹고 최 집사님이 밭일하라고 불러서 갔습니다. 저는 오늘 기도하는데 우리 이 집사님 손에 피 흘리는데 예수님이 그 손 잡고 예배당으로 들어오는 환상을 보여주셨어요. 주님 도우시고 인도하시고 지켜주심을 믿고 감사드립니다.

엄마의 기도는 무엇을 얻기 위한 도깨비 방망이가 아니었다. 오히려 기도는 엄마의 존재 자체였다. 하나님 나라의 백성이 되어가는 기도였고, 더 온전한 인간이 되어가는 기도였다. 그렇게 엄마는 참된 교인이 되어가고 그리스도인이 되어가는 기도를 드린 것이다. 그러니 엄마의 기도는 절망의 기도가 아닌 희망의 간구였다.

1994년 5월 20일 금요일

오늘은 아침부터 비가 한 방울씩 떨어지는 날씨였습니다. 그러나 우리 주님은 우리를 오늘도 지켜주실 줄 믿고 기도했습니다. 오늘은 염전에서 일이 너무 많았습니다. 비온다고 인부들도 다 돌아가 버려서 우리 부부가 나서서 일해야 했습니다. 인부들과 속을 썩이는 것보다 일은 힘들어도 속만은 편한 것이 나으리라 믿고 하나님과 동행하고 기도 열심히 하면 올해도 잘 지내리라 믿습니다. 오늘은 염전에서 소금이 80가마니가 나왔습니다. 그런데 우리 부부가 둘이서 이 모든 일을 했습니다. 일을 마치고 피곤했지만 교회로 가서 기도하고 왔습니다.

1998년 7월 3일 금요일

오늘 새벽기도 가는 데 정말 기뻤습니다. 우리 가정에 기도가 없으면 죽은 몸입니다. 그래서 새벽 기도하며 하루의 생활을 하나님께 의지했습니다. 그런데 조합에서 우리가 농사한 보리 중에 등외 판정받은 보리가 있었어요. 보리농사 중에 등외 판정받기는 처음이었습니다. 그래도 하나님 감사합니다. 잠시나마 이 세상에서 사는 것 하나님 부끄럽지 않게 살겠습니다.

엄마는 하는 일마다 어려움을 겪어야 했고 수없이 손해

보며 살았다. 언제나 피곤한데 할 일이 많아 바빴다. 몸은 아픈데 쉴 틈 없었고 여유라고는 찾아볼 수 없었다. 그런데도 손해 보는 편을 택했고 이웃들을 위해 기도했다. 엄마는 새벽마다 예배당을 찾아 부르짖었다. 수요예배, 주일예배, 철야예배, 구역예배 때마다 최선을 다해 예배드렸다. 일기를 읽어나가다 보면 이 모든 순간에 하나님이 엄마를 찾아오셨다는 것을 알 수 있다.

하나님은 죄 가운데 있는 우리를 붙들고, 절망 가운데 있는 우리를 찾아내고, 은혜로 우리를 사로잡고 계시는 분이다. 그렇게 하나님은 엄마를 찾아오셨고 만나주셨다. 위로해 주시고 붙잡아 주셨다. 물론 하나님은 엄마가 듣기 좋은 말이나 원하는걸 다 들어주시지는 않으셨다. 하지만 분명한 것은 하나님은 언제나 엄마의 기도를 듣고 계셨다.

1997년 4월 14일 월요일

오늘은 새벽에 일어나기 싫어 기도를 가지 않으려고 했어요. 그러다 제 머릿속에 사탄이 틈타는 것 같아서 깜짝 놀랐어요. 벌떡 일어나 새벽 예배에 갔습니다.

교회에 도착해 기도를 하는데 너무 감사하니 눈물이 얼마나 나오는지 모르겠어요. 찬송이 나왔어요. 한없이 나왔어요.

잠시 세상에 내가 살면서
항상 찬송부르다가 날이 저물어
오라 하시면 영광 중에 나아가리

하나님이 웃으시며 저를 바라보시는 것 같았어요.

견디기 힘들고 막막한 엄마의 인생이었지만 하나님은 엄마에게 말씀하시고 엄마는 그런 하나님께 간구할 수 있었다. 엄마는 기도를 통해 하나님의 음성을 들었고 하나님께 간구했고 하나님을 만났다. 기도하고 예배하며 성숙한 신앙인으로 나아갔다. 엄마는 매일 세상과 싸우고 자신과 싸우고 욕망과 싸우면서 하나님과의 대화를 이어갔다. 기도를 통해 이 싸움에서 승리할 수 있었다. 엄마가 매일 드리는 기도를 읽어 나가다 보니 엄마는 한을 토로하고 무언가 원하는 것을 얻기 위한 기도에서 멈추지 않는다. 삶의 한계를 넘어서서 하나님 나라를 소망하며 하나님 나라의 백성으로 성숙한 그리스도인으로 숙성되어 갔다.

우리의 어머니들이 이렇게 기도하며 신앙을 지켜오셨을 것이다. 예수님을 통해 구원해 주신 그 은혜만으로도 감격스러워 하며 좋은 그리스도인 되게 해 달라고 간구하셨던 것이다. 우리 어머니들이 고단한 삶을 이겨내며 드렸던 기도는 오늘을 사는 우리에게 응답하는 기도가 무엇인지 가르쳐 준다. 우리는 기도할 때 좋은 그리스도인, 참된 그리스도인이 되게 해 달라고 얼마나 간구하고 있는 것일까.

예배하는 삶

아침부터 하나님 앞에 하루의 삶을 살고저 바쁜 손길
이 되니 오늘도 어려운 일 없도록 지켜주세요. 오늘은
금요일입니다. 구역예배를 드려야 하는데 신자들 마
음이 하나가 안 되네요. 하나님 아버지. 우리 구역 식
구들이 한마음이 되었으면 합니다. 영육간에 강건함
을 허락하세요.

먹고살기 어려운 농촌에서 농번기에 구역예배 드리기는
생각 이상으로 어려운 일이다. 새벽부터 밤늦도록 쉴 틈 없
이 바쁘게 일해야 하는 때다. 이때 삶을 멈추고 예배당도 아
닌 집에 모여 구역예배를 드린다는 것은 보통 일이 아니다.
목회자인 나는 엄마의 일기를 보며 참 많은 생각이 들었다.
주일 사역을 마치고 월요일 하루 쉬며 이런저런 밀린 일도
처리하고 사람도 만나야 하는데 신자들이 꼭 이날 구역예배

인도나 심방을 요청하면 마음이 복잡해진다. 성도들에게 예배드려야 한다고 강조하고 가르쳤지만 그 예배가 이렇게 지켜져 왔다는 사실을 보며 나 자신을 돌아보게 되었다. 성도들에게 예배를 생명처럼 여기라고 말하려면 나 또한 이해하기 어려운 상황과 요구 앞에서도 그래야 하는 것 아닌가. 어거스틴의 『고백록』에는 회심한 어거스틴이 예배에 대해 이렇게 말하고 있다.

"행복은 하나님을 예배하는 데에서 참된 기쁨과 즐거움을 얻는 것이며, 그를 찬미하는 데에서 찾는 자에게 있다."

우리의 부모님에게 예배는 참된 기쁨을 얻는 유일한 통로였고, 절망 같은 일상에서 예배 시간만이 유일한 행복을 누릴 수 있는 시간이었다. 하루도 쉬는 날 없이 고된 노동에 지쳐있는 삶이지만 조금 더 자는 것을 포기하고 예배당을 찾았다. 조금 더 쉬는 것을 포기하고 예배당을 찾았다. 그렇게 예배를 소중히 여긴 부모님의 신앙을 물려받았다는 내가 예배를 생명처럼 여기라고 가르치며 내 안에 예배의 크고 작음에 대한 생각을 한다는게 말이 되는 것일까. 어떤 예배는 기쁨이 있고 어떤 예배는 그렇지 않다는 게 말이 되는 것일까.

"여호와로 인하여 기뻐하는 것이 너희의 힘이니라" (느헤미야 8:10)

1995년 11월 12일 주일

오늘은 주일입니다. 그런데 우리 남편은 일하러 가야 합니다. 주님은 우리를 사랑하시고 지켜주시는데 우리는 내 욕심만 채우고 주님 뜻대로 살지 못하니 어떻게 합니까. 우리 남편 11시 예배 못 드리고 9시에 교회 가서 혼자 기도하고 일하러 갔습니다. 우리 남편 기도하면서 얼마나 울었는지 모른답니다. 주여, 우리 가정 도와주세요. 가난이 무엇인가요. 어떻게 하면 이런 생활을 그만할 수 있을까요. 주님 도와주세요.

2000년 8월 6일 주일

오늘 새벽에 남편은 논에 물을 퍼놓고 염전에 가서

일하고 왔습니다. 집에 돌아와 서둘러 아침 식사를 하고 교회 가서 예배를 드리고 사택에서 점심을 먹었습니다.

우리 부모님은 가난한 농촌에서도 가장 가난한 삶을 살았다. 어려운 살림을 꾸려가다 보니 농한기에 돈을 빌려 농번기에 높은 이자를 쳐서 갚아야 했다. 그러니 부모님의 일상은 가난과 빚과 노동이 이어지는 삶이었다. 쉬는 날 없는 힘든 일상을 살아가야 했다. 심지어 아버지는 돈을 꾸어준 교회 집사님이 주일에도 김 양식장에서 일하라고 해서 예배도 참석하지 못했다. 엄마는 이렇게 일해야 하는 아버지의 눈물이 두고두고 가슴에 맺혀있으셨다. 그럼에도 불구하고 부모님은 새벽예배, 수요예배, 주일예배를 빠지지 않으려 최선을 다했다.

1994년 8월 24일 수요일

수요예배 참석하려고 얼마나 일을 부지런히 했는지 모릅니다. 그리고 예배드리며 하나님과 만났습니다.

늘 함께하시는 주님, 지켜주시옵소서. 그리고 잠잘 때
단잠 자게 해 주셔요. 우리 아들이 전화가 왔습니다.
돈이 몇백 원밖에 없다고 했습니다. 마음이 너무 아픕
니다.

2000년 8월 30일 수요일

오늘은 수요일이에요. 우리 하나님이 우리를 하나님
의 자녀로 삼아주셨거니와 삼일예배를 드리고 가려
고 일하다 밥도 먹지 못하고 교회로 갔습니다. 그러나
너무 배가 고팠습니다. 예수님 제대로 믿기가 너무 힘
들 때도 있고 바쁠 때도 있어요.

엄마는 수요예배를 드리려고 밥도 굶었다. 수요 저녁예
배 드리려고 다른 날보다 더 열심히 일했다. 세월이 흘러도
그 마음은 변치 않았다. 자신이 감당할 수 없는 일을 하면서
도 최선을 다해 예배를 드리러 갔다. 이유는 하나다. 힘든 인
생살이 이겨낼 힘이 하나님에게서 나오기 때문이었다. 앞이
보이지 않는 삶에 유일한 빛과 소망이 하나님이었기 때문이

었다. 그래서 하나님 만나려고 바쁘고 힘들고 배고파도 교회로 달려간 것이다.

1996년 2월 25일 주일

오늘 아침에는 마음이 슬프군요. 오늘은 주일인데 제가 이렇게 병원에 누워 있는게 꿈만 같아요. 하나님, 이 부족한 것 왜 이럴까요. 주님 이 시간도 시험 들지 않도록 지켜주시고 영육간에 강건함을 허락해 주세요. 어린 주일학교 학생들 가르쳐야 하는데 제가 왜 이러고 있는지 알 수 없는 시간입니다.

1996년 7월 10일 수요일

오늘은 수요예배 드리는 날이에요. 하지만 병원에 있어서 예배드리지 못한 저를 용서해 주세요. 주님 제 영혼을 주장하여 주세요. 아침 식사를 하고 창밖을 내다보니 우리 아들 이 전도사가 저에게 오고 있어요. 얼마나 대견하고 예쁜지 몰라요. 항상 제 곁에서 떠나지 않았으면 했어요.

엄마는 교통사고를 당했다. 그리고 병원에 입원했다. 병원 세 곳을 옮겨 다니며 10개월을 지내야 했다. 그런데 병원에 누워서도 주일예배 드리러 가지 못한 자신을 탓한다. 하나님 앞에 죄송하다 했다. 우리 어머니들은 그렇게 살아왔다. 하나님 앞에 예배드리러 가지 못한 것 마음 아파하고 스스로 죄인이라 여겼다. 그렇게 생각하지 말라고 해도 지나치리만큼 예배 시간을 지켜야 한다고 믿었다. 엄마는 예배에 목숨 걸었다고 말했다. 나는 엄마에게 몸이 아파 못 가는 것이 뭐 대수라고 그렇게 하시냐고 했다. 하지만 엄마의 신앙은 그렇지 않았다.

이렇게 예배에 철저했던 엄마를 보며 사사기의 이스라엘 백성이 떠올랐다. 타협과 실리와 욕심으로 하나둘 양보하며 하나님과 점점 멀어지는 장면 말이다. 종종 이 모습이 지금 우리의 신앙이 아닌가 싶기도 하다.

<u>1994년 4월 26일 화요일</u>
오늘 새벽에 세상 사람과 접촉하지 않고 세상 만물과 상관하지 않고 제일 먼저 하나님 아버지를 만났습

니다. 그리고 하나님과 대화 했습니다. 기도하고 집에 돌아와 아침 식사 하고 고추밭에 갔습니다. 오늘 하루도 우리 남편 이 집사님과 아들 이 전도사를 지켜주신 은혜 진심으로 감사합니다.

1995년 11월 13일 월요일

오늘 새벽에는 4시에 일어나 교회에 갔어요. 그런데 세 사람밖에 나오지 않았어요. 그래서 우리 교회와 성도님들을 위해 더 열심히 기도했어요. 그리고 우리 가정을 위해 기도했어요. 남편은 교회에서 돌아와 6시에 일하러 나갔습니다.

1996년 7월 11일 목요일

오늘 아침에는 (병원에서) 일찍 일어나서 우리 가정을 위해 기도하고 교회를 위해 기도하고 병원 신세 지는 분들을 위해서 기도했어요. 주여 도와주시고 인도하여 주세요. 예수님 붙잡고 살게 해 주시길 간절히 기도드립니다.

오늘 아침에는 새벽기도에 가서 예배드리는데 목사
님이 대표 기도를 시켰습니다. 주님 오늘도 지켜주시
고 인도하여 주세요.

부모님은 거의 매일 새벽마다 새벽기도로 하루를 시작했
다. 하루 일과를 기도로 시작해야 한다고 믿었다. 매일 새벽
교회에 나갔던 부모님은 교회 종을 치는 담당이기도 했다.
당시 마을마다 교회에선 예배 시간을 앞두고 종을 쳤다. 새
벽기도 종소리는 섬마을의 하루를 시작하는 알람 소리와도
같았다. 엄마는 교통사고 당하기 전까지 매일 한 시간이 넘
는 거리를 걸어서 새벽기도를 다녀왔고 교회 종을 쳤다. 엄
마는 나에게 새벽기도 종을 치는 것도 '사명'이라며 자랑스
러워했다.

어린 시절 엄마 손을 잡고 교회를 다니던 기억이 지금도
생생하다. 교회 가는 길은 바닷물이 들고나는 길이 있었다.
매번 신발을 벗고 옷을 걷어 바닷물에 빠져가며 돌 징검다리
를 아슬아슬하게 건너가야 했다. 여름에 비가 억수같이 쏟아

171

지면 옷이 다 젖는데도 젖은 옷과 몸을 수건으로 닦아가며 교회에 갔다. 겨울에는 눈보라와 추위를 이겨내며 교회에 갔다. 어쩌다 새벽기도 가지 못하고 염전으로 나가야 할 때면 교회 종소리만 듣고도 하나님 앞에 회개 기도를 했다.

엄마가 쓴 일기의 거의 모든 첫 구절은 '오늘 새벽에는 00시에 일어나 교회에 갔어요'로 시작된다. 교통사고를 당하고 교인들이 다리 아픈 엄마를 위해 차량 운행을 해 줬는데 혹시 차가 오지 않는 날도 지팡이를 짚고 교회를 다녀왔다. 다른 이유는 없었다. 가혹한 엄마의 삶에 하나님과 만나는 시간이 유일한 빛이고 희망이고 위로였기 때문이었다. 그런 엄마에게 하나님은 음성을 들려주시고 환상을 보여주시며 함께 하신다고 말씀하셨다. 우리 부모님들은 이렇게 순수하고 순결하게 신앙을 지켜왔다. 어쩌면 우리는 이같은 신앙의 순수함을 잃어버려서 우리에게 기도의 응답도 사라진 것은 아닌가 하는 생각마저 들었다.

생명을 잉태하는   복음의 씨앗

오늘 낮 예배는 슬프고 외로웠습니다. 머릿속에 맴도는 생각 때문이었습니다. 나만 이 좋은 예수님을 믿고 천국 가면 그만인가요? 내 형제들 전도 못한 것 후회되고 내 자신이 미워집니다. 이렇게 좋은 하나님을 왜 제대로 전하지 못했을까요. 하나님 아버지, 우리 동생들 예수님 믿게 하셔서 이 누나의 소원을 이루어주십시오. 이런 생각에 너무나 마음이 외롭고 슬퍼서 이 글을 씁니다. 외로운 내 마음 우리 하나님 아시오매 응답하셔서 주시기 바랍니다.

엄마는 영혼 구원을 위해 언제나 간절히 기도했다. 자신의 제일 첫 번째 사명을 복음 전하는 것이라고 믿었다. 그래서 자나 깨나 가족들의 구원과 믿음을 위해 기도했다. 아버지와 어머니 가족 중에서 우리 가족이 처음 교회를 나갔으니 책임감도 컸던 것 같다. 무엇보다 자신이 구원받고 예수님의 자녀가 된 것이 정말 행복해서 그 예수님을 온 가족이 믿고 구원받기를 바랐다. 그리고 그 기도는 응답 되었다. 이제는 거의 모든 가족이 교회에 다니고 있고, 일찍 하나님의 부르심을 받은 분들도 신앙고백을 하고 천국 백성이 되었다.

2004년 2월 23일 월요일

우리 마을 아픈 사람이 너무 많아요. 저의 손길이 예수님의 손길로 통하여 고침 받고 교회로 나아 올 수 있게 해주세요. 우리 마을 사랑하는 형제들 불쌍한 영혼들이 예수 믿고 구원받게 하여 주세요.

엄마는 병을 얻고 사고를 당하고 고통을 겪으면서도 원망하기보다는 기도와 믿음과 복음 전도의 삶을 살았다. 아들인 나는 목사 안수를 받고 신학의 본고장이라는 독일에서 신학을 공부하고 박사 학위를 받은 소위 '박사 목사'다. 하지만 엄마의 기도는 이런 나도 쉽게 따라 할 수 없는 믿음의 유산이다. 엄마의 일기를 읽으며 목회하고 공부한다는 핑계로 엄마를 살뜰히 챙기지 못한 오십 넘은 아들의 한없는 죄책감과 후회 때문에 하는 말이다. 하지만 엄마의 일기는 내가 쓴 박사 학위 논문보다 더 신학적이고 내가 한 어떤 설교보다 목회적이고 내가 한 어떤 기도보다 영성 깊다고 자부할 수 있다. 복음의 씨앗은 이렇게 이름 모를 섬마을의 한 여인으로부터 심겨졌다. 그렇게 민들레 홀씨처럼 무릎으로 살아갔던 무명의 그리스도인들이 심은 복음의 씨앗이 이 땅 곳곳에 퍼져 나갔던 것이다.

<u>1995년 11월 22일 수요일</u>

나는 무엇하러 새벽마다 교회에 나올까요. 남들은 다 잠을 자는데 저는 왜 이렇게 일찍 일어나 교회 가서 기도하고 찬송할까요? 우리 주님 기억하며 늘 하나님 아버지와 같이하고 싶고 주님의 음성을 듣고 보고자 대화하는 시간을 갖고자 이렇게 기도하고 찬송합니다. 하나님 나라에 가고 싶어 하는 마음입니다. 주여 도우시고 인도하여 주셔서 감사합니다.

엄마는 자신에게 일어난 모든 일을 하나님 안에서 해석하려고 했다. 그 모든 일을 기도와 복음 전도로 연결 지었다. 험난한 세월을 살아 내며 고비의 순간마다 하나님께 예배했다. 새벽마다 기도했다. 저녁마다 기도했다. 성경을 읽고 묵상했다. 그렇게 하나님을 찾으면서 또 한 번 눈앞에 닥친 감당하기 어려운 사건도 뚫고 나갔다. 그래서 점진적으로 장성한 믿음까지 도달하게 되었던 믿음의 선배 아브라함처럼 모압 여인 룻처럼 살아 냈다. 하나님 은혜 아니면 살 수 없었고 (룻2:2) 하나님의 날개 아래에 보호를 받으며 살고자 했으며 (룻2:12) 그리 살아 냈다.

1994년 5월 18일 수요일

염전에서 소금 일을 하는데 느닷없이 눈물이 뚝 떨어졌습니다. 일이 너무 고되니 슬픔이 몰려왔습니다. 내가 힘든 농사일에 염전 일까지 하게 될지 상상도 못했습니다. 내 몸은 워낙 약한데 피곤이 쌓입니다. 어떻게 살아야 주님 안에 사는 것인지, 돈이 무엇인지 정말 모르겠습니다. 이런 마음에 참 힘든 하루였습니다. 그런데 오늘 삼일 저녁 예배에 설교 말씀이 '어떻게 살아야 할까'라는 제목이었습니다. 그래서 큰 은혜를 받았습니다.

1994년 7월 13일 수요일

오늘 아침에는 나도 모르는 순간 기도가 나왔습니다. 무슨 일이 있더라도 주님 뜻대로 살아야 하지만 내 마음을 내 뜻대로 할 수 없을 때가 있습니다. 너무나 피곤하고 지쳐 좌절하고 괴로울 때가 있습니다. 그러나 저는 한가지 소망이 있습니다. 사는 게 힘들어도 하나님 열심히 잘 믿다가 죽어서 영원한 천국에 가는 것입니다. 천국에 가면 지금처럼 고생하지 않고 고민하지 않고 주님과 더불어 살 수 있을테니까요. 하지만 지금 제 삶은 가장 어둡고 힘들고 고생스럽습니다. 돈 없다고 사람들에게 무시당하면서도 논에 나가서 농약을 치고 염전에 나가 소금 일을 합니다. 한없이 처량한 인생입니다. 주님 제 손을 잡아주시옵소서.

오늘 새벽에는 3시 40분에 일어나서 준비하고 나가
니 벌써 교회 종이 울렸어요. 발걸음을 재촉해 교회로
갔습니다. 그런데 교회에 가보니 몇 사람 밖에 나오지
않았어요. 그래서 우리는 교회에 나오지 못한 사람들
을 대신해 하나님 앞에 더 열심히 기도했어요.

부모님은 1984년 8월 26일에 처음 교회에 나갔다. 서울
에서 살다 일을 찾아 동두천으로 이사 갔고 그곳에서의 삶
도 만만치 않아 다시 신안군 섬으로 돌아와 김 양식을 시작
했다. 그때 엄마는 건강이 좋지 않았다. 섬으로 돌아왔지만
안정을 찾지 못했다. 김 양식과 염전 일을 했는데 경험도 없
고 배운 적도 없어서 시행착오를 겪었다. 그러던 중 누군가
가 부모님께 교회 다니면 병이 낫는다고 했다. 처음에는 한
쪽 귀로 듣고 흘려버렸지만 반복되는 고단한 일과 힘든 삶이
더해져 엄마의 병은 더 깊어져만 갔다.

섬으로 돌아온 지 3~4년 정도 지난 때였어요. 하루는

한약방에 다녀오는데 마침 교회에서 종이 울렸어요. 그 종소리를 듣던 우리 화정이 아빠가 저한테 교회에 가보자고 했어요. 지푸라기라도 잡고 싶은 마음이었던 것 같아요. 그래서 매도에 계시는 우리 어머니하고 화정이 아빠하고 저하고 화정이하고 교회로 들어갔어요. 교회에 계시던 최전도사님이 우리를 데리고 사택 방으로 들어가시더니 고맙다고 손을 꼭꼭 잡아주셨어요. 그리고 예배를 시작하여 말씀을 듣고 집으로 돌아와 보니 1984년 8월 26일 주일이었어요. 그날부터 우리는 교회에 등록했고 주일마다 교회에 나가 예배를 드렸어요.

– '엄마의 약력, 지나간 일'

하루는 시내를 갔다 집으로 돌아오는 길에 교회 종소리가 들렸고 아버지가 엄마에게 "여보, 우리 돌아오는 일요일에 교회나 갈까"라고 먼저 말했다고 했다. 섬마을은 각종 미신을 믿었고 제사 지내고 봄, 여름, 가을, 겨울의 길일에 시제時祭 지내는 것이 당연했다. 부엌 신, 화장실 신, 안방 신…

181

귀신들이 즐비했다. 그런 시절 부모님은 교회를 다니기 시작했다. 그런데 부모님이 교회 다닌 지 얼마 되지 않아 원인 모르게 아팠던 엄마의 병이 사라졌다. 병만 사라진 것이 아니었다. 주님을 만나 지나온 삶을 회개하고 구원의 감격을 누렸다. 그후 부모님은 자신이 만난 하나님과 구세주 되시는 예수님을 전하기 시작했다. 가장 먼저 가족들에게 복음을 전했고 가까운 마을 사람들에게도 복음을 전했다. 나도 부모님을 따라 친구들과 동생들에게 복음을 전했고 교회로 인도했다.

하지만 세상만사 작용에는 반작용이 있기 마련이다. 아무도 교회를 다니지 않던 마을에 예수쟁이가 등장한 것이다. 마을 사람들은 부모님을 예의주시했다. 서양 귀신을 믿는다며 교회 다니는 부모님을 불편해했다. 술과 담배는 물론이고 제사도 지내지 않고 굿도 하지 않았으니 마을 사람들 보기에 못마땅했다. 지금까지 살아왔던 문화와 전통 방식과 생활들이 부딪히기 시작한 것이다. 급기야 서양 귀신 믿는 것들이 마을에 들어와 자신들에게 저주가 내린다고 손가락질했다. 그러더니 대놓고 욕하기 시작했다.

"없이 사는 것들이 무슨 일이나 열심히 해서 빚이나 갚지, 한가하게 교회나 다니냐."

그 무엇을 해도 좋게 보지 않았다. 섬마을은 서로 돕고 일해야만 살 수 있는 곳이다. 농사에 김 양식에 염전까지 혼자할 수 있는 일이 아무것도 없었다. 품앗이가 일상인 곳이었다. 그런데 품앗이는 주일에도, 수요일 저녁에도, 금요 구역예배 때도 상관없이 농사 일정에 맞춰 진행되었다. 예배 때문에 다른 집 품앗이를 나가지 못하면 우리 집 일할 때 아무도 도와주지 않았다. 그나마 친척이나 외가 쪽 분들이 조금씩 도와줬지만 한계가 분명했다. 그러잖아도 가난한 삶이었는데 예수 믿으며 상황은 더 나빠졌다. 하지만 부모님은 하나님을 선택했고 예배를 선택했다.

우리는 이렇게 진심으로 열정을 가지고 교회를 다녔지요. 그러나 동네 사람들이 우리가 교회 다닌다고 얼마나 핍박을 했는지 몰라요. 교회 근처에 두 동네가 있었는데 우리 가족만 교회를 다니니 얼마나 이상하게 생각했겠어요. 주일날 우리 세 식구가 교회에 가는

모습을 보며 일하지 않고 교회 가면 하나님이 밥 먹여
주고 하나님이 바다에 가서 김 양식 해주느냐고 소리
치며 핍박했어요. 한두 명이 아니라 보는 사람마다 핍
박했어요. 그래도 우리 식구들은 한 귀로 듣고 한 귀
로 흘리고 교회 가는 발걸음을 재촉했어요. 그렇게 교
회 가면 그보다 더 좋을 수 없었어요.

– '엄마의 약력, 지나간 일'

핍박은 날이 갈수록 심해졌다. 교회 다니기도 쉽지 않았
다. 정상적인 길로 다니지 못했다. 교회가는 길에 사람들을
만나면 부모님을 향해 손가락질하고 욕했다. 부모님은 바닷
가 길로 돌고 돌아 교회를 다녔다. 교회 가는 길에 사람들을
만나면 복음을 전했다. 욕하고 손가락질해도 복음을 전했다.

우리가 김 양식하면서 빚이 늘어나는 게 소문이 났어
요. 사람들은 하나님 믿는 사람이 남보다 많이 잘되어
야 하는데 어쩌면 저렇게 빚을지고 사느냐고 말해요.
이게 참 마음 아팠어요. 저는 교회 갈 때면 자주 한복

을 입고 갔어요. 그런데 동네 사람들이 그런 저를 향해 빚은 늘어나도 옷만 잘 입고 하나님 앞에 가면 하나님이 빚 갚아 주느냐고 조롱하며 핍박했어요. 참 신기하게도 저는 그럴수록 전도할 의욕과 소망이 더 솟아났어요. 그때부터는 더 열심히 전도에 힘썼어요. 한 영혼에게 복음을 전하기 위해 열 번이고 스무 번이고 찾아갔어요. 갈 때마다 너무 기뻤어요. 이렇게 복음을 전하면 하나님께서 우리 가정뿐만 아니라 우리 매도 사람들도 예수 믿게 해주실 것이라는 믿음에 정말 감사했어요.

– '엄마의 약력, 지나간 일'

그러거나 말거나 부모님은 찬송하면서 교회를 다니셨다. 부모님이 살던 섬마을에서 교회에 가려면 1시간 넘게 걸어가야 했지만 무더운 여름에도, 추운 겨울에도 상관없이 교회에 갔다. 나는 그런 부모님의 손을 잡고 부모님의 믿음과 신앙을 보며 자랐다. 이렇게 교회를 다니는 부모님은 틈만 나면 전도했다. 복음을 전했다. 교회를 소개했다. 결국 칠십여

명이 살았던 마을 사람들 거의 모두가 교회에 나왔고 대부분 교회에 정착했다. 부모님께 모진 욕과 핍박을 했던 분들이 집사님, 권사님, 장로님이 되었다. 온갖 미신에게 절하던 분들이 새벽기도에 나왔고 수요예배와 구역예배를 드렸다. 주일이 되면 남자들은 성경책을 옆구리에 끼고 여자들은 성경책 가방을 어깨에 메고 교회로 걸어왔다. 부모님이 살던 마을뿐이 아니었다. 교회 가는 중간 지점에 있던 마을도 하나둘 예수님을 믿고 교회에 나왔다. 그곳에서 핍박하고 욕하며 혀를 찼던 분들도 훗날 장로님이 되고 권사님이 되었다. 이 마을 저 마을에 구역이 생기고 마을마다 찬송 소리가 울려 퍼졌다. 그렇게 세상에 존재하는지조차 알 수 없던 작은 섬에 복음의 씨앗이 뿌려지고 그곳에서 예수 믿고 구원받은 이들이 늘어갔다. 새벽마다 눈물로 기도하는 이들이 있었고 예배 때마다 뜨겁게 예배하는 이들이 있었다. 이런 부모님을 보고자라며 신앙을 배운 자녀들은 도시로 건너가서도 신앙생활을 했다. 이는 부모님이 살던 작은 섬마을에서 일어난 특별한 일이 아니었다. 복음이 이 땅에 전해지고 씨앗이 뿌려지던 때에 곳곳에서 일어났던 일이었다.

주기철 목사님이 대구경찰서에서 풀려나 평양으로 돌아오던 날은 주일이었다. 혹독한 고문과 수감생활로 육신은 쇠잔했지만 산정현교회에서의 설교는 세상을 흔드는 설교였다.

"십자가를 진다는 것은 인간이 못할 일입니다. 그러나 인간이 십자가를 지려고만 하면 십자가가 인간을 지고 갑니다. 그래서 갈보리 산상까지 갈 수가 있는 것입니다."

이 설교를 듣기 위해 산정현 교회에는 입추의 여지가 없이 신자들이 몰려왔다. 심지어 교회 앞에는 주기철 목사님을 감시하기 위해 평양, 대동, 선교리의 경찰들이 교회를 둘러싸고 있어서 전운이 감돌던 때였다. 그런데도 신자들은 아랑곳하지 않고 주기철 목사님의 설교를 듣기 위해 교회를 찾았다. 우리의 믿음의 선배들은 이렇게 신앙 생활을 했다.

하나님은 우리 부모님이 믿음 생활을 했던 작은 섬에서도 역사하셨는데 전국 곳곳에서 동일하게 아니 그보다 크고 놀랍게 역사하시지 않으셨을까? 우리는 유명한 이들, 잘난

이들, 대단해 보이는 이들을 우러러보느라 이름도 없이 빛도 없이 살아갔던 이들의 기도와 간구가 이 땅에 복음의 씨앗으로 심겨 민들레 홀씨처럼 전국에 퍼져 나갔던 사실을 잊고 있었던 것이다.

이런 부모님의 영향을 받아 나도 목사가 되었다. 그리고 엄마의 기도대로 목사로 선교사로 살고 있다. 이 글을 쓰고 있는 이 순간, 지난 시간을 회상하면 나도 부모님을 따라 정말 열심히 교회를 다녔구나 하는 생각이 들었다. 말이 아닌 삶으로 전도했던 엄마와 아빠의 모습은 당시에 다음 세대인 내 인생에 가장 큰 능력과 힘이 되었다. 지금까지의 신앙생활에 가장 큰 원동력으로 남아 있다. 그렇다면 나는 우리 아이들에게 어떤 신앙의 유산을 물려줄 수 있을까. 다음 세대에게 우리의 신앙은 얼마나 큰 힘과 능력이 되어줄 수 있을까.

교회, 우리 모두의 안식처

엄마는 교회 다니고 10년이 조금 지난 1996년에 교통사고를 당하고 장애 판정을 받았다. 시간이 흐르면 흐를수록 걸어서 교회를 다니기 힘들어졌고, 교회 차를 타고 교회를 다녀야 했다. 그런데 엄마는 교회 차를 타고 다니며 많이 미안해했다. 그러던 중 아버지마저 과로에 온갖 병을 얻어 쓰러졌다. 남편이 쓰러지자 장애가 있던 늙은 여인은 생활비 감당하기도 어려웠던 것 같다. 그래서 더 눈치를 보고 미안해하며 지낸 것 같다. 한 해의 첫날이고 게다가 주일이었다. 그런 날 이런 일기를 쓴 엄마의 마음은 어떠했을까.

2006년 1월 1일 주일

올 한해는 주님의 뜻 안에 살기를 원합니다. 우리가 신앙생활을 해도 물질이 없으면 주님 뜻대로 살지 못해요. 목사님도 인간입니다. 신자들도 인간입니다. 아무도 제 속을 몰라요. 차량 헌금도 못 바치고 감사 헌

191

금도 잘못해요. 그래서 그런지 목사님도 그렇고 신자
들도 멀어지는 것 같아요. 교회 차 타고 다니는 것도
미안해요. 주일헌금 못할 때도 있어요. 남의 것 도둑
질도 못 하고 어찌해요. 하나님께서 주신대로 살겠어
요. 그러나 2006년도에는 신자답게 살게 해 주세요

"도둑질도 못 하고 어찌해요." 이 말이 아들의 가슴을 후
벼판다. 못난 아들이다. 아무리 핑계를 대도 못난 아들이다.
아무리 자책해도 눈물이 멈추지 않는다. 엄마는 평생 다녔던
교회 공동체 그 누구에게도 속마음을 털어놓지 못했다. 가정
생활이 힘들다고 아무에게도 말하지 못하고 일기장에만 적
어 놓았다.

2006년 1월 7일 토요일
누구한테 말을 해야 할꼬. 너무너무 서럽고 힘이 들어
요. 기도하지 않으면 살지 못할 지경이에요.

일기를 보며 지금 우리 교회 안에도 이런 분들이 있을 것

이라는 생각이 들었다. 우리 엄마가 저기 앉아 울고 계실 텐데 싶으니 등골이 서늘해졌다. 교회에서 뵈면 항상 웃고 계시는 저분이 속으로는 울고 계시는 우리 아버지 같은 분이라고 생각하니 정신이 바짝 들었다. 그 누구도 상상할 수 없을 만큼 어렵고 힘든 시절을 살아온 분들이 얼마나 많으실까 하는 생각이 들었다. 지금까지 마음을 다해 어려운 분들을 생각하며 목회 했다고 하지만 좀 더 균형 있고 공평하게 성도들을 바라보고 대해야겠다고 마음을 다잡게 된다. 우리 엄마가 이런 목사 되게 해 달라고 드린 기도를 수도 없이 읽고 또 읽으며 마음에 새긴다.

우리 아들이 능력 있는 자나 연약한 자나 모두 품어줄 수 있는 목회자 되기를 기도합니다. 돈 있는 자나 없는 자나 한결같이 사랑해주고 기도해 주는 목회자 되기를 기도합니다. 특히 하나님이 어떤 이를 사랑하는지 그 마음을 잘 품고 살기를 기도합니다. 가진 것 없다고 남에게 무시당하고 손가락질당하는 사람들 사랑해주고 기도해 주는 목회자 되기를 기도합니다. 궁

핍해서 고개를 들고 살지 못하는 이들 손 잡아주기를
기도합니다.

－ '아들을 위한 기도'

일기 곳곳에서 보듯이 부모님 삶의 최우선은 언제나 교회였다. 예배였고 기도였고 복음 전도였다. 그래서 교회에서 주신 직분은 '사명'이라 여기고 늘 최선을 다했다. 힘에 부치도록 헌금하시면서도 얼마 하지 못한다고 자책했다. 그것이 이분들의 기쁨이셨고 하늘 상급이었으며 영혼 구원에 대한 열심이었다. 그런 엄마가 참 힘들어 하는 일이 하나 있었다. 엄마는 아버지가 가진 것 없고 배운 것 없어서 교회에서 장로가 못 된 것, 그리고 권사도 못 된 것에 늘 마음 아파하셨다.

"화정아, 화정아. 너는 나중에 목회하면 가진 자든 못 가진 자든 배운 자든 못 배운 자든 공평하게 대하고 아프고 연약한 사람들에게 더 마음을 쓰거라."

귀에 못이 박히게 내게 하셨던 말씀이다. 아버지는 교회 건축, 수리, 장례, 교회 학교까지 온갖 궂은일에 앞장섰다. 특별히 아버지가 가진 것 중에 항상 최고로 좋은 것으로 교회와 목회자를 섬겼다. 아직도 기억난다. 월요일부터 헌금 낼 지폐를 성경책에 끼워서 준비해 놓거나 다리미로 빳빳하고 깨끗하게 다려서 준비했다. 농사짓고 수확한 첫 것은 언제나 교회와 목사님께 드렸다. 목사님이 심방 오시는 날은 명절 때 보다 큰 잔칫상이 차려졌다. 목포에 배 타고 나가 고기, 생선, 과일 등을 사 오셔서 상다리가 부러지게 밥상을 차렸다. 그러니 어린 나는 심방 날만 손꼽아 기다릴 정도였다.

이렇게 삶의 중심이 교회였던 아버지가 자신보다 한참 늦게 신앙 생활했던 몇 분과 장로로 추천되었다. 세 분이었는데 두 분은 장로가 되고 아버지만 떨어졌다. 이게 문제였다. 아마도 부모님은 세 분 모두 장로가 될 것으로 생각했던 것 같다. 하지만 결과는 그렇지 않았다. 투표에서 떨어진 것이다. 그런데 엄마도 이때 권사 추천이 되었는데 투표에서 권사로 선출되었다. 그러니 아버지와 엄마 두 분 모두 마음이 편치 않았을 것 같다. 연말에 투표했는데 마침 그 해는 엄마가 교통사고 당하고 병원에 10개월간 입원해 있던 해였다. 아버지는 엄마와 함께하던 일을 혼자 감당해야 했다.

식사도 혼자 해결해야 했다. 여기에 엄마의 병원비와 아들의 학비까지 감당해야 했다. 그러니 반쯤 정신이 나간 채로 닥치는 대로 일을 했던 것 같다. 마침 그해 교회는 건축을 했다.

1996년 12월 15일 주일

오늘 낮예배 끝나고 장로 투표하고 권사투표 했지요. 장로 2명, 권사 8명을 선출했어요. 우리주님 저에게도 권사 사명을 주셨는데 저는 어떻게 감당해야 하는지 마음에 근심이 되었어요. 주님 저에게 능력 주시고 성령 주시어서 사명 감당하게 하여 주시옵소서.

1996년 12월 23일 월요일

가난이 무엇인가요. 못 배운 것이 한이 됩니다. 남들은 장로 하는데 권사도 받지 못한 우리 남편을 보고 있으면 시부모님 원망도 나오고 우리 남편 너무 불쌍해요.

<u>1997년 1월 5일 주일</u>

주님, 성미부도 떨어지고 주일학교 교사도 그만하고 보니 저는 여러 가지로 생각이 복잡해요. 저의 생각인가 몰라도 지난여름 제가 병원에 입원해 있으니 우리 남편이 혼자 김 양식장 일하러 다니고 염전 일하고 농사짓느라 교회 일 제대로 못 해서 시험이 닥친 것 같아요.

아버지는 초등학교도 못 나왔다. 말할 수 없이 가난한 어린 시절을 보냈다. 그래도 매일 성경도 열심히 읽었고 찬송가도 잘 불렀다. 교회 일이라면 최선을 다했다. 하지만 사람들 보기에는 많이 부족했던 것 같다. 아버지와 함께 장로로 추천된 다른 두 분은 아버지보다 공부를 더 많이 했다. 우리 집 보다 돈도 많고 빚도 적었다. 그러니 교인들 보기에 아버지와 비교된 것도 어찌 보면 당연한 일이다. 하지만 부모님은 이 일이 두고두고 마음에 상처로 남았다. 엄마는 자신만 권사 직분 받은 게 아버지 보기에 늘 죄송한 마음이 들었다고 했다.

사람에게 돈이란 무엇인가요. 지식이란 무엇인가요.
너무 서운하고 남편이 불쌍해요. 어쩌다가 남편의 친
엄마는 일찍 세상 뜨고 아버지가 새엄마를 얻었어요.
그래서 공부도 제대로 하지 못했어요. 남편이 교회에
서 돈 없고 공부 못했다고 무시당하니 속상해 예배당
에 가서 통곡하면서 기도했어요. 주님 저 혼자 권사
하는 것도 구역장도 싫어요. 서로 사랑하라고 했지만
너무 속상해요. 저는 인간이기에 마음 아플 때가 너무
많아요. 하늘에 계신 주님만 의지하고 살겠어요.

나도 어려서 엄마의 하소연을 들을 때는 원망스러운 마
음도 있었다. 하지만 목회를 하다 보면 생각지 않은 일이 일
어나곤 한다. 엄마가 병원에 입원하고 아버지 혼자 병원비
에 생계에 아들 학비까지 챙겨야 하셨으니 상대적으로 교회
를 돌아볼 여유가 없었을 것이다. 마침 교회가 건축을 하며
다른 장로님들은 아버지보다 훨씬 고생도 많이 했을 것이다.
이런저런 일들이 겹쳐서 신자들이 투표하는 데 영향을 주었

을 것이다. 하지만 세 분 중에 아버지만 탈락하며 교회 목사님도 다른 장로님들도 적잖이 당황했을 것이다. 교회는 참 쉽지 않다. 목회는 참 어렵다. 새로운 장로님과 권사님을 세우는 일은 교회의 가장 기쁜 날이기도 하지만 이때 꼭 상처받고 오해가 생기는 일이 벌어지니 말이다.

부모님은 내게 이런 것까지 미리 교육해 주신 것인지 모르겠지만 담임 목사가 되어서 임직식을 하게 될 때 얼마나 신중하게 하나하나 챙겼는지 모른다. 특히 어렵고 힘든 분들이 돈 때문에 직분을 못 받는 일이 없도록 모든 관행과 제도를 고쳐 나갔다. 그래서 적어도 직분자를 세우는 일로 시험들거나 교회가 흔들리는 일은 없었고 오히려 큰 축제의 날이 될 수 있도록 마음을 다했다.

<u>1997년 1월 24일 금요일</u>

저희 가족은 남들에게 무시당하고 살아요. 이렇게 돈 없이 사는 걸 보고 우리 가정을 무시해요. 그러나 이제 저는 두렵지 않고 서럽지 않아요. 우리 아들 이 전도사가 하나님의 종이니 어느 누가 부러워요. 어느 누

가 우리에게 가진 것 없다고 말해도 저는 서러워할 것 없어요. 저는 하나님의 자녀이기 때문이에요. 저녁에 구역예배 드렸는데 너무나 제 마음을 아프게 하는 신자가 있었어요. 만약 우리 아들이 주의 종이 아니었으면 신앙 생활하기 어려웠을 것 같아요. 우리 아들 주의 종 되게 기도해야 하니 실망과 좌절하지 않기로 했어요. 주님 도와주시고 인도하여 주세요.

아마도 교회에서 아버지가 장로 투표에서 떨어진 것을 두고 설왕설래가 있었던 것 같다. 그 소리가 부모님 귀에도 들어간 것 같다. 그래서 힘든 날도 없지 않았을 것이다. 하지만 부모님은 교회를 떠나거나 교회 일을 그만두거나 하지 않았다. 오히려 더 열심히 교회와 목회자와 신자들을 섬겼다. 아버지는 이 일과 관련해 나에게 어떤 말씀도 없었다. 나 같으면 섭섭하고 부끄러워 교회 나가기 싫었을 것 같다. 하지만 부모님은 그렇게 하지 않았다. 아버지는 이 일이 있었던 직후에도 다리가 불편한 엄마를 부축해 교회 차가 오지 않아도 그 먼 거리의 길을 걸어서 새벽기도를 다녔다.

오늘 새벽에는 차가 오지 못했어요. 운전하시는 집사님이 목포에 가셨는가봐요. 그래서 기다리다가, 죽으면 죽으리라 마음먹고 남편을 의지해 걸어갔어요. 다행히 시작종 치기 전에 교회에 도착했어요.

교회는 생명을 살리는 곳이라 생각한다. 생명이 살아나는 곳이다. 그래서 교회는 아프고 죽을 것 같은 이들이 많이 찾아와야 한다. 그러니 교회에서는 죽겠다는 소리가 끊이지 않는 것은 당연한 일이다. 그만큼 상처를 주고받는 일이 많은 곳이기도 하다. 하지만 교회는 이런 이들이 찾아와 위로받고 치료받는 곳이 되어야 한다. 무엇이 교회를 움직이게 할까? 교회에 무엇이 있어야 할까? 교회는 어떠해야 할까?

"우리가 유대인이나 헬라인이나 종이나 자유인이나 다 한 성령으로 세례를 받아 한 몸이 되었고 또 다 한 성령을 마시게 하셨느니라" (고린도전서 12:13)

201

일기를 읽어 나가며 예수님이 이 땅에 오셔서 가장 먼저 찾아다니고 만나서 고치시고 살리셨던 이들이 떠올랐다. 예수님이 찾으셨던 이들을 떠올리며 무엇이 중요한지 다시 한 번 돌아보게 되었다. 성경은 누구도 예외 없다고 말한다. 그러니 우리의 교회에서는 유대인이나 헬라인이나 차별이 없어야 한다. 차별이 없어야 되는 것을 넘어서 모두가 그리스도 예수 안에서 하나여야 한다.

"유대인이나 헬라인이나 차별이 없음이라 한 분이신 주께서 모든 사람의 주가 되사 그를 부르는 모든 사람에게 부요하시도다"(로마서 10:12)

"너희는 유대인이나 헬라인이나 종이나 자유인이나 남자나 여자나 다 그리스도 예수 안에서 하나이니라"(갈라디아서 3:28)

교회는 수고하고 무거운 짐 진 자들이 찾아오는 곳이다. 그들은 세상에서 차별받고 외면받고 손가락질받으며 살아간다. 눈물이 마르지 않고 잠이 오지 않고 가슴이 답답한 삶을 살아가는 이들이다. 사소한 일에도 눈치 보고 자신을 원망하며 살아간다. 내가 그렇게 살았다. 신학생이 되어서도 전도사가 되어서도 심지어 목사가 되어서도 그랬다. 하지만 하나님은 나에게 유대인이나 헬라인이나 종이나 자유인이나 다 동일한 성령으로 공평하게 세례를 베풀어 주어서 한 몸이 되었다고 말씀해주셨다. 나에게 이 말씀은 복음이었고 회복이었고 위로였고 격려였고 희망이었고 생명이었다. 그래서 나는 어느 교회에서 목회해도 이 말씀이 실현되는 교회가 되도록 최선을 다한다. 그리고 하나님은 그런 나의 기도를 언제나 들어주셨다. 그래서 수고하고 무거운 짐 진 자들이 참 안식을 얻고 누릴 수 있는 교회가 되기를, 그런 목회를 하는 목회자가 되기를 애쓰고 힘쓴다. 그런 이들이 바로 내 아버지고 엄마이시기 때문이다.

이웃을 위한 기도

부모님은 늘 이웃들과 주변 사람들을 살뜰히 챙겼다. 어려운 이들 돕는 것을 내 일처럼 여겼다. 계절과 날씨가 가장 중요했던 바닷일과 농사일은 시간이 곧 돈이다. 한 사람의 손길이 아쉽고 몸이 가장 중요한 자산이다. 시간이 남거나 여유가 있어서 남을 도울 수 있는 것은 아니다. 자기 집 농사만 지어도 여력이 없었다. 그런데 부모님은 농사일에 바닷일까지 했다. 그런 중에 이웃의 일터로 고개를 돌렸다. 자신의 삶이 바쁘고 힘들어도 이웃들의 어려움을 외면치 않았다.

　1995년 9월 13일 수요일
　아침부터 비가 내리기 시작했지요. 오늘 마늘을 심어
　야 하는데 못 심으면 어쩌나 걱정이 되었어요. 다행히
　오후에 비가 그쳤어요. 우리 집 마늘 심는 거 다섯 시
　에 마치고 숙자네 마늘밭으로 가서 마늘을 심어주었
　어요. 그리고 저녁때 수요예배 드리러 갔어요.

엄마는 교통사고로 한쪽 다리에 장애가 있기 전까지 몸과 마음과 힘을 다해 주변 사람들과 함께 일하며 돕고 나누었다. 1997년 교통사고 나기 전까지의 일기를 보면 언제나 이웃들

의 농사일을 돕고 함께 예배드리러 가는 모습이 나온다.

1994년 4월 22일 금요일

아침 먹고 못자리 상자 담으로 갔습니다. 미자네, 곽
집사님네, 명자네, 수철네 이렇게 네 집의 상자 작업
을 했습니다. 그리고 읍내에 가서 반찬거리를 사 오고
최 집사님과 함께 구역예배를 드렸습니다.

하루는 힘에 겨워 보이는 엄마를 도와주러 교회 집사님
이 일손을 보탠 적이 있었다. 그런데 그날 일이 고되어서 집
사님이 다음날 새벽기도를 빠지게 된다. 엄마는 그것이 너무
죄스러워 용서를 구하며 기도한다.

1994년 7월 25일 월요일

오늘 아침에는 너무 마음이 아퍼 죽을 수밖에 없는 죄
인이 된것 같습니다. 저를 용서하여 주시옵소서. 하나
님은 저를 사랑하시는데 저는 너무 부족합니다. 정 집
사님한테도 잘못인 줄 압니다. 주님 그의 영혼을 새벽

기도 가지 못하게 하고 우리 일손 도와주게 하니 감사
한 것이 아니라 저는 두렵고 떨리고 온몸이 너무나 아
픕니다.

부모님이 살던 섬마을에는 남편이 일찍 죽고 여자 몸으
로 혼자 자식 키우며 농사짓는 이들이 많았다. 그래서 부모
님은 이들 곁에서 몸을 아끼지 않고 농사일을 도왔다. 엄마
는 교회 다닌다며 손가락질당하고 따돌림당하는 핍박 중에
도 굴하지 않고 복음을 전했다. 그래서 교회와 하나님 욕 먹
이지 않으려 최선을 다해 성실하게 살았다. 내 일도 잘하고
이웃도 도와야 한다며 새벽부터 밤까지 일했다. 거기에 교
회 갈 시간 맞추기 위해 쉬지 않고 일했다. 새벽에 일찍 일어
나 바다로 나갔고 해가 지기 전까지 일했고 또 때에 따라 농
사일 때문에 낮에는 논과 밭에서 일했다. 그렇게 살면서 이
웃을 위해 기도하고 복음을 전했다. 농작물을 수확해야 하는
농촌의 가을은 그 어느 때보다 바쁘다. 그런 때도 부모님은
새벽에 일어나 밤 늦도록 바다와 논과 밭에서 이웃들과 함께
보내며 예수님처럼 산다는 게 무엇인지 고민하며 실천하려

애썼다.

1994년 9월 15일 목요일

오늘은 영숙이네 마늘을 심는다고 해서 새벽에 일어나 우리 염전에 나가 일하다가 아침 6시 30분에 영숙이네 밭으로 갔습니다. 그리고 거기서 온종일 일했습니다.

1994년 9월 16일 금요일

오늘 새벽에는 염전에서 일하고 영희네 마늘 심으려고 열심히 달려갔습니다. 우리 주님은 우리를 살리려고 이 세상에 오셨는데 저는 어떻게 살아야 하나님께 영광 돌릴까요.

1994년 9월 17일 토요일

오늘은 새벽에 소금 일 하고 아침 8시에 이 집사님댁 마늘 심으러 갔습니다. 그리고 다시 오후 3시에 우리 염전에 일하러 갔습니다.

엄마가 도와준 이들 중 대부분은 시간이 지나며 엄마 손을 잡고 교회에 나왔고 지금까지 신앙생활을 하고 있다. 부모님은 평생 가난했다. 가진 것 없어서 세상 사람들에게 무시당했다. 예수 믿는 사람이 어찌 그리 가난하냐며 손가락질 당했다. 그럼에도 불구하고 복음이 좋아, 하나님이 좋아, 교회가 좋아서 자신 때문에 교회와 하나님 욕 먹이지 않으려 남들보다 몇 배나 성실하게 살아갔다. 그러나 언제나 피곤했고, 언제나 돈이 없었고, 건강도 좋지 않았다. 그래도 예수님의 사랑을 실천하는 것이 가장 행복한 일이었다. 예수님 앞에 어떻게 살아야 예수님을 따라 살 수 있을지 고민했다. 기도와 예배와 이웃들을 사랑하는 것, 그래서 복음을 전파하고 교회 일을 할 수 있는 것이 우리 부모님에게 가장 행복한 일이었다. 가난과 무시와 핍박이 가로막지 못하는 큰 기쁨이었다. 이 땅에서는 힘들어도 천국가서 하나님과 행복하게 살겠다는 소망으로 살아갔다.

이 땅에서 누리고 싶은 것 더 누리지 못해 가슴 아파하는 우리의 신앙과는 전혀 다른 신앙의 모습이다. 예수 믿지 않는 세상 사람이 나보다 더 잘 살아서 속상한 우리의 신앙으로는 이해할 수 없는 모습이다. 부모님은 이 땅에서 부와 명예와 건강을 모두 내려놓고 교회와 이웃과 자식을 위해 헌신된 삶을 살아갔다. 자신을 위한 기도를 아끼고 포기해서 자식을 위한 기도에 모든 것을 바쳤다. 이웃을 위해 간구했다. 이 기도가 하늘에 닿지 않을 수 있을까. 하나님의 마음을 움직이지 않을 수 있을까. 우리의 기도는 왜 응답되지 않는 것일까. 이 땅에 눈물로 기도와 복음의 씨앗을 심은 믿음의 선배들이 전해준 유산을 우리는 다음세대에게 얼마나 잘 물려줄 수 있을까. 혹시 우리가 다 받아 누리고 끝나버리는 것은 아닐까.

"우리의 삶과 죽음은 우리의 이웃과 함께 있다. 만일 우리가 형제를 얻으면 우리가 하나님을 얻은 것이다. 그러나 우리가 형제를 분노하게 만들면 우리는 그리스도에 거슬러서 죄를 짓는 것이 된다." (사막의 교부 안토니)

엄마의 일기가 하늘에 닿으면

할머니 오순심 권사님은 눈에 넣어도 아프지 않을 세 명의 손주가 있다. 나도 아직 내리사랑의 크기를 잘 모르지만, 엄마 오순심 권사님이 아들을 바라보는 눈빛과 할머니 오순심 권사님이 손녀, 손자를 바라보는 눈빛은 전혀 다른 차원이다. 하지만 지구 반대편에 사는 손주들과 할머니는 자주 만날 수 없었다. 그래도 피는 못 속인다. 아무리 오랜만에 만나도 뜨거운 사랑은 먼 거리와 오랜 시간을 극복하고도 남았다. 함께 식탁에 둘러앉아 밥을 먹는 시간은 천국에서의 만찬과도 같았다. 오순심 권사님의 얼굴에 세상을 다 가진 것 같은 행복한 웃음이 떠나지 않았다.

엄마의 일기장, 할머니의 일기장을 보면 아이들이 태어나면서부터 매일 이름을 불러가며 기도한다. 모든 일기의 끝에는 아이들을 위한 기도로 마친다. 아이들이 하나님의 자녀가 되게 해 달라고, 건강하게 해 달라고, 먼 타국에서 힘들지 않게 해 달라고, 주의 품에 꼭 품어 달라고 기도한다.

많이 보고 싶다고, 그립다고, 곁에 있으면 자주 보고 싶다고도 쓰여있다. 할머니는 엄마일 때 그랬듯이 할머니가 되어서도 변함없이 손주들을 위해 기도했다. 하지만 보고 싶고 그립고 곁에 두고 싶다는 말씀은 일기장에 적고 하나님께만 기도했다. 오순심 권사님은 평생을 그렇게 살아오신 것이다.

손주들도 할머니의 일기장이 있다는 것을 알게 되었다. 그리고 아이들이 세상에 태어나기도 훨씬 전의 할머니의 일기를 읽었다. 아빠의 어린 시절을 할머니의 일기에서 만나게 되었다. 그리고 할머니가 손주들을 얼마만큼 사랑했는지, 하루도 빠짐없이 기억하고 기도했는지를 알게 되었다. 일방적이고 편견 없는 사랑이란 게 뭔지 느끼게 된 것이다.

할머니의 일기장을 보고는 병상에 누워있는 할머니를 위해 손편지를 적었다. 독일에서 자란 아이들이 한글로 정성을 다해 편지를 썼다. 맞춤법도 띄어쓰기도 거의 정확하게 써 왔다. 녀석들이 얼마나 마음을 다해 편지를 썼는지 아빠인 내가 모를 리 없다.

2024년 새해가 밝고 엄마와 나의 관계에 대해 마지막으로 확인하고 싶었다. 그래서 엄마의 막냇동생인 삼촌에게 전화를 드렸다. 2024년 2월 말이었다. 그리고 어느 정도 마음을 정리했다. 성인이 된 아이들에게도 이 사실을 알려주어야 했다. 그때까지 아내만 이 사실을 알고 있었다. 아이들은 이 사실을 듣고 또 한 통의 편지를 써서 내게 전해주었다. 세 녀석 모두 같은 마음이었다. 이 편지를 보며 오순심 권사님이 평생 하나님 앞에서 기도하며 살아오신 삶이 결코 헛되지 않았다는 것을 알게 되었다. 아이들의 편지를 읽으며 하나님께서 내게 엄마의 일기가 하늘에 닿아 그 기도를 다 들어주었다고 말씀하시는 것처럼 느껴졌다. 아이들의 편지를 읽으며 엄마에게 못다 한 말, 아이들에게 못다 한 말을 편지로 써야겠다고 마음먹었다. 아내도 시어머니께 편지를 쓰고 싶다고 했다.

그래서 아빠의 편지, 아들의 편지, 며느리의 편지 그리고 손녀, 손자의 편지로 엄마이고 할머니인 오순심 권사님께 인사드리려고 한다. 엄마는 오순심 권사님이라 불리는 걸 그렇게 영광으로 여기셨다. 첫째 손자의 편지는 두 통인데 두 번째 편지가 할머니와 아버지의 관계를 듣고 쓴 편지다. 다른 손주들의 편지도 같은 마음이라 첫째의 편지만 한 통 더 책에 싣기로 했다.

고향에서 삼촌과 숙모를 만나 내 과거를 확인하고 도저히 혼자 있을 수 없어 광주의 오래된 친구 박대영 목사를 찾아갔다. 횡설수설 쏟아놓는 내 탄식에 내 손을 잡고 함께 울어주었다. 그리고는 독일 가서 맘 편히 목회하라며 부모님은 자신이 잘 돌보겠다고 했던 친구다. 그런데 책을 출간한다는 말을 듣고 편지 한 통을 보내주었다. 편지를 읽으며 꾹꾹 눌러왔던 지난 몇 년의 감정이 폭발했다. 이 사랑을 어찌 다 갚아야 할지 모르겠다.

함께　기도하자

사랑하는 나의 딸과 아들아 아빠는 너희들을 진심으로 사랑한다. 지금까지 잘 자라주어 고맙구나. 아빠가 뭘 해준 게 없는 것 같아 늘 마음이 편하지 않았단다. 그저 아빠의 삶을 성실하고 열심히 살아온 것 같은데 이것이 너희들에게 어떻게 보였을지 한 번도 묻지 못했구나. 가난한 아빠의 자녀로 태어나서 늘 미안했단다.

그리고 너희들이 어릴 적에 몇 번의 어려운 일들을 겪으면서 너희들이 각자 할머니 댁으로 가서 살아야 했던 시간은 엄마와 아빠는 너희들에게 늘 미안한 마음이란다.

우리 가족에게는 참 가슴 아픈 시간이었단다. 다섯 식구가 함께하지 못할 정도로 바쁘고 어려운 시간을 보냈었지.

어떻게 여기까지 살아왔는지 모르게 시간이 지났고 고개를 들어보니 어느덧 너희들이 모두 성인이 되었구나. 너희 셋 모두 정말 자랑스럽고 대견하다.

다른 건 몰라도 엄마가 참 많이 고생하셨어.

너희들 모두 엄마가 지금까지 큰 사랑과 기도와 돌봄으로 키워왔다는 것 잊지 말았으면 한다.

할머니의 일기에서 보고 너희도 느꼈을 거야.

할머니의 기도가 우리 가족 모두에게 얼마나 대단한 일이었는지 말이야.

매일매일 너희들 이름을 불러가며 기도하셨지.

너희들 이름이 일기에 빼곡히 적혀 있었어.

할머니의 기도가 있어서

아빠도 엄마도 여기까지 살아왔고

너희들도 건강하고 멋지고 예쁘게

성장했다고 믿고 있단다.

지금껏 그랬듯이 앞으로 살아갈 날이 많은 너희들의 삶에 할머니의 기도가 언제나 함께하리라 믿어 의심치 않는다. 할머니의 일기를 읽으며 아빠도 죽을 때까지 꼭 잊지 않으려는 것들이 있어서 너희들에게 소개해 보려고 한다. 너희들이 잊지 않았으면 한다.

① 매일 새벽에 성실하게 기도하셨던 것.

② 아무리 힘들고 어려워도 예배를 소홀히 하지 않으셨던 것.

③ 매일 성경을 읽고 묵상하셨던 것.

④ 어렵고 힘든 고난이 닥쳐도 하나님을 믿음으로 고백했던 것.

⑤ 언제나 주어진 일에 정직하고 성실히 최선을 다하셨던 것.

⑥ 교회를 사랑하고 목회자를 사랑하고 성도를 사랑하며 낮은 마음으로 섬겼던 것.

⑦ 예수님이 우리를 구원하신 십자가의 복음을 전하기 위해 애쓰셨던 것.

⑧ 하나님을 사랑하는 만큼 이웃들을 사랑하고 섬겼던 것.

아빠는 너희를 보며 할머니의 일기가 하늘에 닿았다는 확신이 들었단다.

너희들이 할머니께 쓴 편지를 읽어보며 할머니가 일기장에 쓰신 기도가 땅에 떨어진 것 하나도 없이 모두 응답되었다는 것을 알게 되었단다. 할머니의 기도는 아빠와 엄마에게 그리고 너희들에게까지 이어지고 있다는 것이 그저 놀랍기만 하다.

너희들이 앞으로 살아갈 세상은 정말 변화무쌍하고 하루가 다르게 변하고 있어서 아빠도 무슨 기도를 어떻게 해야 할지 모르겠다는 생각이 들 정도다. 그래서 하고 싶은 것 많은 너희들이 신앙 생활하는 데 고민도 많고 갈등도 많아질 게 분명하겠다는 생각도 든다.

아빠가 정말 사랑하는 우리 딸, 우리 아들!

어떤 어려움과 갈등과 회의감이 들어도 기도하는 것 잊지 말았으면 한다. 할머니가 우리에게 보여주셨듯이 기도는 하나도 땅에 떨어지지 않는단다. 할머니가 교회에서 평생 기도하셨듯이 너희도 교회를 떠나지 말고 하나님 앞에서 기도하는 마음 변치 말았으면 한다. 하나님이 너희들의 기도를 귀 기울여 듣고 계시고 꼭 응답해 주실 거야.

아빠도 엄마도 너희들을 위해 평생 기도할 거야. 아무리 힘들고 어려워도 기도하자. 응답이 더디다고 포기하지 말고 의심하지 말고 믿고 기도하자. 할머니의 일기와 기도가, 아빠가 그 증거이고 너희들이 응답이다. 함께 기도하자!

무엇보다 너희들을 진심으로 사랑하고 축복한다.

너희들의 미래가 기대되고 하나님께서 함께 하실 일들에 아빠는 심장이 뛴단다.

하나님의 사람으로 사람을 살리고 생명을 살리는 인생이 되길 아빠가 언제나 기도할 거야.

2024년 3월 5일 너희들을 너무나 사랑하는 아빠가

하염없이   눈물만 흘러요

엄마! 엄마! 엄마!

제가 너무 늦었어요.

이제야 무언가를 해드릴 수 있을 것 같은데 너무 늦었어요.

이젠 엄마를 불러도 옆에서 이야기해도 잘 알아듣지 못하고 말씀도 잘하지 못하시네요.

"아이구, 아이구. 우리 아들, 우리 아들!"

저만 보면 이리 말씀하시던 엄마의 목소리가 정말 그립고, 다시 듣고 싶어요.

나를 이 세상에 있게 해 주신 엄마.

다리 밑 개천에 버려질 인생 살리시고

지금까지 티 없이 대해주시고 잘 키워주셔서 감사해요.

엄마의 기도 덕분이었어요.

이젠 누가 저를 걱정해 줄까요.

그만 좀 걱정하시라고 제가 늘 말씀드렸죠.

지금은 그 걱정해 주시던 말씀이 더없이 그리워요.

할 수만 있다면 더 말씀해주셨으면 좋으련만…

항상 곁에 계실 것만 같아 엄마의 마음 잘 몰랐어요.

너무 늦어서 이제야 눈물로 편지를 쓰고 있네요.

"나 죽으면 누가 우리 아들 기도해 준다냐!"

병원에 누워계시면서도 입버릇처럼 하셨던 말씀이 무슨
의미였는지 이제야 알겠어요.

"우리 아들 엄마가 많이 사랑해!"

전화기 너머로 들려오던 음성이 지금도 생생해요.

제가 더 많이 사랑한다고 말씀드렸어야 했는데

이제는 그럴 수도 없네요.

더 잘해드리고 싶어 옆에서 조금이라도 함께 있으려고
하지만 많이 늦었다는 게 이렇게 가슴 아픈 일인지 몰랐
어요. 남은 날이 많을 거라 미루고 또 미룬 게 한없이 후
회됩니다.

엄마가 참 많이도 나를 사랑하셨구나.

엄마가 참 많이도 우리 가족을 사랑하셨구나.

엄마가 참 많이도 기도하셨구나.

그리도 많이 사랑해주셨는데

전 너무 해드린 게 없어서 죄송하고 또 죄송할 뿐입니다.

모든 걸 다 제게 주셨고 늘 더 주지 못해 가슴 아파하셨던 그 마음이 엄마가 써 내려간 삼십여 년의 서른여덟 권의 일기장에 가득했어요.

감히 상상도 못 했고 할 수도 없는 사랑을 받았습니다. 그 누구도 해 줄 수 없는 평생의 중보 기도를 받았습니다.

"한나가 이르되 내 주여 당신의 사심으로 맹세하나이다 나는 여기서 내 주 당신 곁에 서서 여호와께 기도하던 여자라 이 아이를 위하여 내가 기도하였더니 내가 구하여 기도한 바를 여호와께서 내게 허락하신지라 그러므로 나도 그를 여호와께 드리되 그의 평생을 여호와께 드리나이다 하고 그가 거기서 여호와께 경배하니라"(사무엘상 1:26-27)

한나의 기도가 엄마의 기도였습니다. 아들을 하나님께 서원하고 바치셨으니 지금의 제가 있는 것입니다.

엄마 기도대로 좋은 목사, 좋은 선교사 되어가려고 해요.

엄마가 눈물로 하늘에 심은 씨앗이 저에게 그리고 손녀와 손주들에게 흘러갔어요.

엄마가 저와 가족을 위해 기도하셨던 만큼 저는 그렇게 부모님을 위해 기도하지 못했어요.

엄마가 교회와 이웃과 하나님을 사랑하는 그 마음만큼 살지 못했어요.

이제는 엄마가 일기로 보여주셨던 그 삶의 기도와 모습들을 이 부족한 아들이 조금이나마 따라서 살아보려고 해요. 그래서 이 땅의 교회에 엄마와 아빠, 아이들과 청년들이 꼭 다시 우리 부모님과 할머니 세대의 뜨거웠고 간절했던 그 열정과 기도가 일어나는데 한 알의 밀알이 되어 보려고 해요.

엄마 사랑해요.

이제는 이 세상의 모든 슬픔과 두려움, 근심과 절망에서 고통도 없고 눈물도 없는 영원한 하나님 나라에서 주님과 함께 편안한 안식을 누리시길 바래요. 엄마가 힘들 때마다 그토록 소망하셨던 하나님 나라에서 이 땅에서 누리지 못한 것 마음껏 누리며 행복하게 지내세요.

함께 곁에 있지 못했던 못난 아들을 용서해 주세요.

너무 늦게 일기를 발견해서 죄송해요.

너무 보고 싶네요.

엄마.

하염없이 눈물만 흘러요.

2024년 3월 5일 독일에서 아들 이화정 올림.

열무김치가 참   그립습니다

담장에 매화가 피어 벌써 봄인가 했는데, 옷깃을 여미게 하는 찬바람이 성급한 봄을 막아서고 있네요.

어머님께 편지를 쓰려니 문득 며칠 전 뵙고 온 어머님 얼굴이 생각나네요. 원인을 알 수 없는 고열로 항생제를 맞느라 힘겨우셨는지 제가 어머님의 얼굴이며 손 그리고 발을 주무르며 어루만지는 동안에도 어머님은 내내 눈을 뜨지 못하셨고 그렇게 저는 어머님과 대화 한마디 못하고 돌아오는 버스에 몸을 실어야 했지요.

어머님과 제가 고부의 연으로 맺어진 지 올해로 25년이 되었어요. 가까이 살지 않아 자주 뵐 수 없었고 또 외국에 오래 나와 있었기에 긴 세월이 무색하게도 어머님과 추억할 수 있는 게 많지 않다는 것이 죄송하고 아쉬워요. 자주 찾아뵙지 못하고 명절에도 발 도장만 찍고 올라오기 바빴던 하나뿐인 아들과 며느리는 자식을 늘 가슴에 품고 그리워하셨을 어머님 마음을 헤아리지 못한 채 늘 다음 기회를 기약했지요.

만날 때마다 두 팔 벌려 안아 주시던 어머님의 손,

헤어질 때마다 흘리시던 눈물,

식사때마다 하시던 가족을 위한 간절한 기도.

제가 기억하는 어머님입니다.

아! 어머님이 한여름 담가주셨던 세상에서 제일 맛있는 열무김치도 빼놓을 수 없지요. 그 맛이 그리워 몇 번 담가 봤지만 어머님이 해주셨던 그 맛은 아직 흉내도 내지 못하고 있답니다.

어머님께서 요양병원 병상에 누워 계신지 여러 해가 되었어요. 그동안 주인 잃은 어머님의 화단은 계절을 잊은 지 오래되었고 쓸고 닦으시던 마루엔 뿌연 먼지가 세월의 흔적처럼 남아 있습니다.

어머님의 시간은 지금 어디에 머물러 있을까요?

저희 가족을 위해 기도해 주신다는 것은 언제나 느꼈습니다. 하지만 매일 매일 쓰셨던 어머니 일기장을 보고야 제대로 알았습니다. 어머니가 걸어오셨던 삶의 일기가 기도였다는 것을요.

이번엔 어머님과 간단한 이야기라도 나눌 수 있을지….
작은 기대를 마음에 품고 다음주엔 어머님을 뵈러 목포
행 버스에 몸을 실어보려 합니다. 그때까지 건강히 지내
시기를 기도해봅니다.

2024년 2월 꽃샘추위 매서운 날 며느리 올림.

이제는　제가 기도할게요

할머니 저 첫째 손자 승찬이에요. 할머니께 편지 쓰는 건 처음이네요. 이제야 편지로 찾아 뵈어서 죄송해요. 저희를 많이 보고 싶으셨을 텐데요. 저도 할머니 많이 보고 싶었고 지금도 많이 보고 싶어요. 그만큼 더 목소리 들려드리고 얼굴도 더 비춰드려야 했는데 그러지 못해 죄송해요. 아직도 많이 후회돼요.

할머니 더 건강하실 때 같이 많은 곳도 놀러 다니고 맛있는 것도 많이 먹고 같이 시간을 보냈으면 참 좋았을 것을요. 할머니도 얼마나 그러고 싶으셨을까요. 이제 조금 할머니의 마음을 알 것 같아요. 자주 찾아뵙지 못했지만 뵐 때마다 할머니에게는 다른 시계가 흐르고 있다는 것을 느꼈어요. 그래서 저희를 기다리는 하루하루가 얼마나 빠르고 길게 느껴지셨을까 가늠이 안 돼요.

할머니는 언제나 묵묵히 기도하시며 저희를 위해 중보하셨죠. 할머니의 기도가 쌓이고 쌓여 저희를 여기까지 성장하게끔 했어요. 하나님을 향한 할머니의 간절한 마음, 부르짖음이 절대로 외면되지 않고 하나님께서 들으시고 저희를 지켜주셨어요. 할머니, 정말 너무나도 감사해요.

이제는 제가 할머니를 위해서 매일매일 기도할게요. 평생을 하나님께 모든 삶을 헌신하신 할머니만큼은 못하고 부족할지라도 할머니가 보여주신 열심, 헌신 그리고 순종의 삶을 본받으며 살게요. 할머니의 기도가 저희를 키웠어요. 감사해요. 사랑해요. 진작 더 해드려야 했는데, 할머니, 사랑해요. 너무 늦게 말씀드렸죠? 할머니는 이 말 한마디 얼마나 듣고 싶으셨을까요? 그럼에도 강요 않으시고 기다리셨죠. 저의 시계와 할머니의 시계가 다르게 흐르고 있어서 그런 걸까요? 이제야 할머니에게 진심으로 사랑한다는 말을 전할 수가 있게 되었어요.

할머니의 삶, 기도가 우리를 향한 사랑이었다는 것을 다시금 깨달아요. 할머니가 보여주신 모든 것들이 결코 당연한 일이 아니고 많은 노력과 예수님과 같은 마음으로 이루어졌다는 것도요. 할머니, 이 못난 손자 사랑해주시고 기도해 주시고 기다려주시고 할머니의 삶으로 많은 걸 가르침 받게 해 주셔서 감사해요.

이곳 독일에서도 언제나 할머니를 위해 기도해 왔듯이 앞으로도 끊임없이 기도 할게요. 할머니의 기도가 땅에 떨어지지 않고 다 하나님의 뜻대로 이루어지기를 예수님의 이름으로 기도합니다. 아멘.

2024년 2월 독일에서 승찬 올림.

아빠,　고민거리 있으셔요?

2024년 3월 4일 월요일은 여느 때와 다르지 않은 하루였어요. 다만 달랐던 한가지는 아빠에게 온 전화를 받은 뒤 저의 마음이었어요. 대화를 나누자고 하신 아빠 목소리에 고민하는 듯한 느낌을 받았어요. 아빠가 저의 집에 오셔서 차 마시는데 얼굴에서 걱정과 고민이 보였어요. 손가락을 계속 만지작만지작 하시며 어떻게 말을 꺼내야 할까 주저하시는 모습 때문이었어요.

"아빠, 고민거리 있으셔요?"

제가 먼저 여쭤보았어요. 한참을 고민하시더니 꺼내신 말씀이,

"할머니가 아빠 친엄마 아니셔"

이 말을 듣고 생각이 멈추고 한참을 멍하게 있었어요.

할머니는 아빠가 갓난아기 때 다리 밑에 버려질 뻔하신 걸 구해오셨다고 했어요. 정말 옛날부터 어른들이 다리 밑에서 주워왔다고 우스갯소리로 하는 말이 아빠에게는

실화라는 게 믿을 수 없었어요. 그런데도 아빠는 평생 모르고 계실 정도로 친아들처럼 아니 친아들로 키우셨죠. 할머니와 할아버지가 정말 대단하셔요.

할머니와 할아버지도 쉬운 결정이 아니시고 평생 무거운 마음의 짐을 갖고 사셨어야 하실텐데… 그렇게 평생 기도하시며 하나님께 순종하는 삶을 사신거군요. 할머니 감사해요. 할머니와 할아버지 아니셨으면 아빠도 저희 삼남매도 이 세상에 없었을거에요. 할머니가 그리고 할아버지가 그리고 하나님이 아빠를 살리신 거에요.

저희가 이 사실을 알게 되었다고 하더라도 변한건 하나도 없어요. 할머니는 저희의 할머니시고 아빠의 엄마셔요. 할머니 감사해요. 정말 감사해요. 하나님께서 할머니와 할아버지를 통해 아빠를 살리시고 새 생명을 허락하셨어요. 힘드셨을 텐데, 마음도 많이 괴로우셨을 텐데 어떻게 감내하셨어요. 할머니 할아버지 감사해요. 저희 아빠의 생명의 은인이시며 아빠의 부모님이시며 저희의 할머니와 할아버지이신 두 분을 더 사랑하지 못했어요. 지금도 후회돼요. 할머니 할아버지 몸 더 건강하셨을 때 사랑을 드릴걸…

할머니 할아버지 그동안 마음고생 많이 하셨겠어요. 할머니와 할아버지 마음의 평안을 위해서 기도할게요. 치유의 하나님을 믿습니다. 할머니 할아버지 저희 아빠 이렇게 멋지게 훌륭하게 모든 사람게게 존경받는 사람으로 키워주셔서 감사합니다.

오순심 할머니, 이현주 할아버지 감사합니다, 사랑합니다.

2024년 3월 4일 첫째 손자 이승찬 올림.

할머니의 일기장을 보고
많은 것을 느꼈어요

안녕하세요, 할머니.

저 둘째 손녀 지헌이에요.

이번에 할머니가 쓰신 일기장을 봤을 때 38권이라는 양에 정말 놀랐어요. 수십 년간 매일 일기를 쓴 것을 보고 할머니는 참 대단한 분이시라는 생각을 했어요. 힘들고 슬프고 기쁜 날에도 항상 하나님을 잊지 않으시고 모든 것에 감사하며 사는 것을 보았을 때 저의 삶도 한번 돌아보게 되었고 '어떻게 이렇게 긍정적으로 살 수 있었을까?'라는 생각도 들더라고요. 지금까지 할머니의 삶에 대해서 내가 아무것도 모르고 있었다는 생각에 마음이 아프더라고요.

제가 어릴 적에 한동안 할머니와 같이 지냈다는 것을 알고는 있었지만 어린 나이였기에 기억에 남은 건 하나도 없었죠. 어린 저와 함께 지낼 때 할머니께서 쓰신 일기장을 보고 많은 것을 느꼈어요. 힘든 상황이지만 어린 저희를 정성을 다해 돌봐 주시고 사랑을 나누어 줬어요. 육체적으로도 아주 힘드셨을 텐데 저에게 항상 먼저 신경을 써 주시고 챙겨 주셔서 감사해요.

저는 할머니를 뵐 때마다 항상 가족을 생각하며 저희를 위해 기도하는 것을 보았어요. 할머니께 받은 사랑과 모든 것을 저는 할머니에게 도로 드리지 못했다는 생각이 드네요. 자주 한국으로 갈 수 없었기에 연락이라도 꾸준히 드렸어야 했는데 너무 아쉽다는 생각이 드네요.

여름방학 때 한국에서 할머니 뵈러 갔을 때 항상 저희를 반갑게 맞이해 주신 모습이 아직도 기억에 남네요. 마당에서 뛰어놀고 할머니랑 할아버지랑 같이 한 상에 앉아 밥 먹었던 시절이 그립네요. 더욱더 많은 추억을 쌓지 못해서 너무 아쉬운 마음이 드네요...

할머니 할아버지 많이 사랑하고 항상 기도할게요!

2024년 2월 독일에서 지헌 올림.

하나님의 뜻대로   응답해 주세요

할머니 저 셋째 손자 승우에요.

요양원에 잘 계시죠?

간호사님들께서 주시는 밥도 잘 드시고요?

할아버지도 건강하게 계시지요?

제가 여태까지 할머니께 단 한 번도 쓰지 않은 편지를 쓰면서 너무나도 죄송한 마음이 들고 후회 하고 있어요. 할머니가 어떻게 지내시는지 궁금한 마음은 큼에도 지금까지 단순한 연락조차 많이 못 드렸네요. 죄송합니다.

할머니께서 지난 30년 동안 매일 작성하셨던 일기장들을 찾게 되었고 하루도 빠짐없이 저희 삼 남매를 위해서 기도하셨다는 사실을 알게 되었어요. 어렸을 때 할머니랑 시간을 많이 보내지 않았던 이유로, 한국에서 멀리 떨어져서 살아간다는 이유로, 할머니를 위한 생각이나 기도를 하지 않은 저의 모습이 너무 원망스러워요.

할머니, 이 편지를 쓰는 날부터 앞으로 기도하겠습니다.

하나님께서 할머니를 지켜주시고 할머니의 아픈 모든 것들을 치유해주시기를, 할머니가 더 건강해지고 힘이 나셔서 그토록 좋아하셨던 일기를 다시 쓰실 수 있기를, 그리고 몸은 떨어져 있지만 저의 기도가 하나님 통해서 할머니에게까지 닿기를 기도하겠습니다. 할머니가 그렇게 오랜 시간 동안 저희 가족 위해서 기도하셨듯이 저도 할머니가 이 편지를 읽으실 거라는 것을 믿으며 기도할게요.

하나님 아버지 감사합니다.
이 세상에 단 한 분밖에 없는 할머니가 있어서
너무나도 감사합니다.
할머니와 같이 보냈었던 시간은 많지 않지만
저희 가족이 지금까지 하나님 안에서 성장하고
낯선 땅에서 하나님만 의지하며 살아올 수 있었던 이유가
나 자신이 아닌 할머니의 기도임을 고백합니다.
앞으로는 저희가 할머니 위해서 기도하겠습니다.
하나님께서 기도들을 기쁘게 받아주시고
하나님의 뜻대로 응답해주시기를 기도합니다.

할머니께서 많이 편찮으십니다.

하나님의 치유와 손길이 할머니를 회복시켜 주실 줄 믿고

앞으로 더 오랜 시간 동안 건강한 모습으로 지내게 해주

세요.

늘 하나님의 일꾼으로 살아오고

하나님께 모든 것을 드렸던

할머니 통해서 저희 가족까지

하나님을 사랑할 수 있게 해 주셔서 참 감사합니다.

다시 만나는 그날까지 할머니께서 행복하고

건강하도록 도와주시고 함께해 주시기를 소망합니다.

이 모든 말씀

예수님의 이름으로 기도드립니다. 아멘.

2024년 2월 막내 승우 올림.

엄마가   내 엄마가 아니래요

그날을 또렷이 기억한다. 목포에서 올라온 이화정 목사는 그날따라 이 말 했다가 저 말 했다가 해서 도무지 갈피를 잡을 수 없었다.

'이 친구 오늘 왜 이러나…' 싶은 생각이 들었다. 퀭한 눈에 다소 넋이 나간 사람 같았다. 이 정신으로 여기까지 어떻게 운전해서 왔을까 싶을 정도였다. 따스한 차 한 잔 들어가니 그제서야 배시시 웃으면서 그러는 것이다.

"나 울 엄마 자식 아니라네요"

"아니, 뭔 소리여?"

"그니까 울 엄마가 나를 낳은 게 아니라고 하네요. 나 어쩌면 좋을까요?"

이 엄마가, 이 아빠가 자기 친부모가 아니라는 사실만으로 너무도 큰 충격이었다. 하지만 아들도 아닌 자기한테 부모가 바쳐온 삶이 준 충격에 비하면 아무것도 아니었다. 낳은 자식이라고 해도 부모님이 자기한테 베풀어 준 헌신적인 사랑에 대해 자기는 객지에서 공부한다, 사역한다, 하면서 천만분의 일도 못 갚고 살았는데, 낳지도 않은 자식을 어떻게 그렇게 키울 수 있느냐고, 이제 효도를 하고 싶어도 해드릴 수도 없이 늙어버리셨는데, 자기는 이제 이 죄를 어떻게 다 갚느냐고, 눈시울을 붉힌다.

목포에서 광주로 올라오면서 온갖 생각들이 스쳐 지나갔을 것이다. 그로부터 몇 날은 다메섹 사건을 겪은 후 어둠 속을 보냈던 바울처럼 '낳은 부모 아닌 부모'의 관점으로 자신의 지나온 시간을 반추하는 시기였다고 한다. 삼촌과 숙모를 찾아가 확인하고 자세한 사정을 듣기도 했단다. 살면서 이해할 수 없었고 찾을 수 없었던 몇 개의 퍼즐을 발견한 시간이었다고 한다. 아버지를 간호하시던 어머니가 자신마저 병원에 의지해야 할 때가 되자 이제 자신에게 닥쳐올 장래를 예감하신 듯하다.

"어째 글씨가 안 이뻐야. 왜 이렇게 삐뚤삐뚤 허게 써지는지 모르겄다"

일기로 쓰는 기도문이 하나님과의 유일한 소통창구였는데, 그것마저 닫혀져가는 것을 보면서 이제 아들한테 입을 열어야겠다고 작심하신 듯하다. 우리 아들 화정이 마저 기억하지 못하는 순간이 오기 전에 평생 품고 있던 비밀을 털어놓기로 하신 것이다.

지금은 두 분 다 아무도 알아보지 못하신다. 가슴으로 키운 외아들도 못 알아보신다. 그래도 기억이 아주 꺼지기 전에 독일에서 아들이 박사 학위 통과했다고 영상통화 하던 날을 기억한다. 내가 마침 도르트문트의 이화정 목사 집에 있던 때였다. "엄마 아들 박사 됐어요. 독일에서 박사 됐어요" 곁에 있던 간호사가 대신 귀에 대고 전달해주시자 고개를 끄덕이며 '잘 했다!' 하시던 날을 기억한다. 내가 친구를 대신해서 어머니를 찾아뵐 때만 해도 한 병원에 계셨던 어머니와 아버지는 평생 염전 노동자로 사셨던 분들 같지 않게 곧고 기품있는 분들이었다. 말씀을 삼가셨지만 아들의 친구 목사에게 유머로 받아칠 수 있을 만큼 여유도 있는 분이셨다. 기억력이 얼마나 좋은지 말씀을 두루뭉술하게 하지 않고 정확하고 생생하게 들려주셨다. 대화한지 10분 안 되어 우리 어머니와 대화하고 있는 것 같이 편안하게 느껴졌다. 어머니의 일기를 읽고서야 지독한 가난과 여러 무시와 천대 속에서 평생 하나님과 이렇게 대화하면서 버텨오셨던 것을 알게 되었다. 하나님과 얘기하듯 말을 아끼셨고, 내 맘 알아주시는 하나님께 솔직히 털어놓으시듯 살아있는 말로 얘기해주셨다. 그 어머니가 일기에서 아들을 위해서 기도하던 모든 것이 다 이루어졌다. 하나도 빠짐 없이 다 이루어졌다. 그런데 당신들을 위해서 기도하신 것은 하나도 이루어지지 않았다. 평생 가난에서 벗어나지 못하셨다. 아들한테 넉넉하게 용돈 한 번 제대로 보내주지 못했다. 아들은 어머니의 기도를 닮은 아들이 되었고, 아버지의 성실한 삶을 닮은 아들이 되었다. 그러고는 더는 바랄 것 없다는 듯이, 아들한테 짐이 되고 싶지 않다는 듯이, 나라가 대주는 돈으로 병원에서 누워만 계신다. 나는 그분들의 아들 이화정 목사가 지나치다 싶을 정도로 '바보' '호구' 소리 들어가며 미련하게 목회하고, 남 좋은 일만 사서 고생하면서 하고, 알면서도 이용당하기만 하는 삶을 사는 것을 이해하지 못했는데, 이 어머니의 기도가 응답되어 할 수 있었던 삶이었다는 생각이 이제야 든다. 그래서 이 아들을 아는 이들은 누구든 이화정 목사가 잘 됐으면 좋겠다고 생각하고, 그가 사역하는 교회가 척박한 지역에서 그토록 따스하고 푸근한 교회로 부흥하는 것도 어머니의 기도 덕분이 아닌가 싶다.

　이 책에 다 담지 못한 어머니의 일기에는 교회의 변천사도 고스란히 담겨 있다. 한국교회 전체의 축소판을 보는 듯하여 놀랐다. 한 작은 섬마을의 교회의 이야기에 불과하지만, 참으로 아름답고 활기찼던 교회가 어떻게 간신히 명맥만 유지하는 교회로 쪼그라들었는지를 어머니의 일기가 보여준다. 돈이 없어서 그런 교회를 위하여 눈물로 기도하고 온 몸으로 섬기던 한 여인의 이야기가 들어 있다. 아들만은 참 목자로 잘 커 주기를 바라는 어머니의 바람이 들어 있다. 하나님을 마음에 두지 않았던 사사시대의 희망을 성경이 사무엘의 어머니 한나의 기도에서 찾았듯이, 저마다 교회의 위기를 말하는 시대에 이 어머니의 단순하고 소박한 기도에서, 너무도 인간적이며 어린아이 같은 기도에서 조국교회를 향한 하나님의 긍휼을 기대해 볼 수 있지 않을까 싶다.

2024년 3월 아들의 친구 박대영 목사

말 수 없던 아버지는 나에게 섬에서 할 수 있는 모든 일을 다 해 봤다고 몇 번이나 말씀하셨다. 새벽기도를 마치면 아침 식사도 하지 않고 염전으로 달려갔다. 염전 일을 마치면 바다의 김 양식장으로 가서 오전 내내 일했다. 그리고 논으로 가서 벼농사를 지었고, 엄마가 일하는 밭으로 갔다. 섬 마을 사람들도 버거워하는 나무 하는 일도 마다하지 않았고, 공사장에서 부르면 닥치는 대로 일했다. 내 기억에 아버지는 벽돌 찍는 일, 전봇대 만드는 일도 했다. 나는 대학원 공부를 하기 위해 서울로 올라올 때까지도 세상 모든 부모님이 이렇게 일하며 사는 줄 알았다.

부모님은 결혼하고 1년이 지나 살 곳이 마땅치 않아 섬을 떠나 맨손으로 평택으로 갔다. 그리고 돈 벌기 위해 서울로 이사했다. 엄마는 정신없이 살던 그때 참 재미있는 일이 있었다며 나에게 한가지 일화를 말해주었다. 하루는 동네 아주머니가 배추를 싸게 사 왔다며 엄마에게 다 팔리기 전에 시장 귀퉁이 어디쯤의 배추 장사에게 가보라고 했다. 엄마는 배추가 다 팔릴까 봐 부리나케 비닐봉지 하나를 들고 아주머니가 알려준 배추 장사 있는 곳으로 달려갔다. 꽤 많은 사람들이 배추 장사 앞에 서 있었고 그 틈을 비집고 들어가니 배추 장사 아주머니들 사이에 어디서 많이 본 남자가 배추를 팔고 있었다. 아주머니들 사이에서 배추를 팔고 있던 아버지는 엄마를 보고 해맑게 웃으며 오늘 장사가 잘되었다며 좋아하셨단다.

2019년 여름, 엄마는 교통사고로 장애를 입은 다리의 무릎을 수술해야 했다. 무릎 상태가 좋지 않아 한꺼번에 양쪽 무릎관절 수술을 했다. 그런데 수술을 하고 상태는 더 나빠졌다. 수술 후유증으로 멈춰있던 일기는 2019년 10월 말부터 다시 시작된다. 그런데 글씨체가 이전과는 확연히 달랐다. 일기의 내용도 알아보지 못할 때도 있었다. 수술 후 엄마의 건강이 급격히 나빠지기 시작했던 것 같다. 엄마와 자주 통화를 하며 무언가 예전 같지 않다는 것을 알게 되었고 급하게 귀국해 엄마를 설득했다. 그래서 고향에서 가까운 병원으로 모셨다. 그리고 코로나가 발생했고 나도 독일에서 한국으로 입국하시 못하는 상황이 되었다. 그러는 사이 엄마는 병원에 갇혀 지내야 했고 설상가상으로 재활 운동 중에 넘어져 엉치뼈도 상하고 허리 골절도 입었다. 도저히 엄마를 그냥 두고 볼 수 없었다. 무리해서라도 입국해야 했다. 입국해 요양원에 계시던 아버지도 모셔갈 수 있고 엄마의 치료까지 가능한 함평의 규모가 있는 요양원으로 두 분을 함께 모셨다.

시설도 이전의 병원과는 비교할 수 없이 좋았다. 경치도 좋아서 더 맘에 들었다. 하지만 부모님과 내 생각은 달랐던 것 같다. 심지어 코로나로 면회도 금지되어서 부모님은 늙고 병들고 힘든 몸에 외로움까지 더해졌던 것 같다. 엄마는 식사도 잘 못 하겠다고 했고 영상 통화를 하면 살이 계속 빠지는게 눈에 보일 정도였다. 아버지의 상태는 더 심각했다. 요양 병원에서 감당할 수 없어 인근 병원으로 이송되었고 중환자실에서 치료를 받았다. 그리고는 오래 살지 못할 것 같다는 연락도 받았다. 그래서 이곳저곳 수소문해서 또 다른 병원으로 두 분을 모시게 되었다.

부모님을 모시지 못하고 독일에서 목회하고 있는 나는 죄인 된 불효자다. 땅끝 섬마을에서 살던 내가 독일로 유학을 오게 되고, 독일에서 담임 목회를 하고 있고, 선교사로 파송도 받았으니 기도의 응답이고 감사한 일이다. 하지만 내 부모님은 이런 아들을 위해 평생 헌신하고 고생하며 외로운 삶을 살아 내야 했다. 그런데도 부모님은 이제껏 모든 걸 다 해 주었으니 남은 내 삶을 책임져 달라고 하지 않았다. 심지어 내 곁에서 함께 살자고 하지도 않았다. 그 마음이 왜 없었을까. 하지만 부모님은 하나님만 바라보며 자신의 삶을 그 누군가에게 기대려 하지 않았고 심지어 하나밖에 없는 아들에게도 기대려 하지 않았다. 본인들이 기도하신 대로 좋은 목사 되고 선교사 되기만을 바랐다. 그리고 그것이 이루어진 것만으로도 충분히 감사하다고 했다.

나는 우리 엄마 아버지를 그 누구보다 잘 안다고 생각했다. 그래서 나름 잘 챙겨드리고 있다는 생각도 없지 않았다. 독일에 있으면서 부모님께 좋을 것 같은 것들을 챙겨 보냈다. 한국에서 좋다는 것도 인터넷으로 구매해 택배로 보내드렸다. 거의 매일 전화하고 안부를 여쭈었다. 하지만 엄마의 일기를 보며 부모님이 어떻게 살았는지 진작 알았더라면 내가 부모님을 잘 챙기고 있다는 망상에서 깨어나 당장 독일 생활을 정리하고 한국으로 들어왔을 것이다. 엄마는 아들이 그럴 것 같아서 일부러 새벽기도 때 가슴을 치며 하나님께만 기도하고 일기장에만 썼던 것일까.

이제는 내가 할 수 있는 유일한 일은 엄마가 그토록 기도했던 좋은 목사 되는 것 말고는 없다. 부모님의 삶이 헛되지 않도록 살아가는 것 말고는 없다. 사막의 교부 마카리우스Macarius는 『신령한 설교』에서 목회자에 대해서 이렇게 말한다.

"자신이 맛보지 않은 것에 대해 영적으로 설교하는 사람은 마치 타는 듯이 뜨거운 사막을 여행하면서 갈증 때문에 입술과 혀가 갈라진 사람이 흐르는 물에서 물을 마시는 그림을 그리는 것과 같다. 또는 꿀에 대해서 설교를 해야 하는 사람이 꿀을 한 번도 맛본 적이 없기 때문에 그것이 얼마나 달콤한지를 알지 못하는 것과 같다."

엄마의 일기를 읽으며 어쩌면 나는 그동안 엄마의 기도와 사랑을 제대로 맛보지 못했던 것 아닐까 하는 생각마저 들었다. 내가 하는 목회와 설교가 엄마가 그토록 기도했던 목회와 설교는 아니었을지도 모른다는 생각도 들었다. 하지만 이제 엄마가 평생 가슴에 담아 놓고 하지 못했던 이야기를 다 듣고 이해하게 되었다. 남은 것은 엄마가 힘들고 어려운 세월을 하나님 앞에서 살아 내신 것처럼 살아내야 하는 것이다. 그 어떤 일도 하나님 앞에 내려놓고 주님의 뜻을 따라갔던 그 발걸음을 따라 걸어가야 한다. 이 책을 쓰게 된 가장 큰 이유도 여기에 있다. 부모님 앞에서 그리고 모든 분들 앞에서 내가 살아갈 결심을 공언하고 싶었다. 한 알의 밀알이 되어 썩어진 부모님과 이 땅의 수많은 무명의 그리스도인들을 따라 걷겠다고 다짐하고 싶었다. 그것이 우리의 선배 그리스도인들이 따라 걸으려 했던 주님이 걸어가신 십자가의 길이기 때문이다. 그래서 우리 엄마처럼 끝까지 이 길을 다 걸은 후에야 비로소 천국에서 엄마를 당당하게 만나 그동안 쌓였던 이야기를 즐겁게 나눌 수 있을 것만 같다.

감사의 글

이 책이 나오기까지 많은 기도와 고민이 있었습니다. 이 땅의 교회가 지금까지 이어져 온 것은 이름 모를 이들의 눈물의 기도와 교회를 위한 헌신과 한 영혼을 구하기 위해 힘쓰고 애쓴 이들이 눈물로 뿌린 복음의 씨앗 때문이었다는 것을 함께 기억하고 싶었습니다.

1980년대 부모님이 처음 출석한 교회에서 부모님을 진심으로 사랑해주신 고故 최종철 전도사님께 감사드립니다. 고단한 삶을 살아갔던 부모님께 따뜻한 손과 발이 되어주시며 함께 웃고 함께 울며 신앙생활 하셨던 이웃 어르신들, 고향교회 성도님들과 부모님의 담임목사님들께도 머리 숙여 감사의 인사를 전합니다.

13년간 부족한 사람을 위해 기도해주고 섬겨주신 독일 도르트문트성결교회 모든 성도님, 함께 동역한 김은만 목사님, 김지운 목사님, 이대연 전도사님, 김동남 전도사님, 이형통 목사님, 이슬기 전도사님께 감사드립니다. 아무것도 모르는 첫 담임 목회지에서 기도하며 격려해주시고 사랑해주신 장주범 장로님, 김연숙 권사님, 시작부터 지금까지 함께 동역해준 장석영 집사님, 늘 집으로 초대하며 먹이고 입히며 성도들을 챙겨주신 박요한 장로님, 편수련 권사님, 2시간의 먼 거리를 매주 차를 타고 오셔서 마음 다해 교회를 섬기고 힘든 지체들을 집으로 초대해 쉼과 배부름으로 챙기셨던 정태운 안수집사님, 김부선 권사님, 하나님께 헌신하고 부족한 종과 가정을 섬겨주신 이홍철 집사님, 오미세 집사님께 감사드립니다. 독일 생활에 가족들이 잘 적응하고 살 수 있도록 묵묵히 섬겨주셨던 김동욱 목사님과 서영옥 사모님, 김선영 권사님과 홍윤기 안수집사님, 김선수 집사님과 신인숙 권사님, 조순안 권사님께 머리 숙여 감사드립니다. 17년 동안 한 해도 빠짐없이 모든 가족 생일 때마다 연락주시고 챙겨주신 김용효 집사님께 감사드립니다. 가족이 독일에 처음 도착하고 집과 아이들 학교 관공서 및 삶의 전반적인 적응에 큰 도움을 주신 故 박성광 전도사님과 김지영 전도사님께 진심으로 감사드립니다.

팬데믹 시기에도 고민 한번 없이 아들을 대신해 단번에 우리 부모님을 찾아가 살뜰히 살펴준 17년 벗 박대영 목사님의 격려가 없었다면 이 책은 시작도 못 했을 것입니다. 변방의 무명자의 책에 추천사를 흔쾌히 허락해 주시고 격려해 주신 김영봉 목사님, 후배 목사를 늘 마음 다해 챙겨주셨던 김주헌 목사님, 엄마의 일기를 이야기했을 때 꼭 책으로 나왔으면 좋겠다고 말씀해주셨던 박영호 목사님, 기도하는 중에 생각해주시고 사랑 전해주셨으며 유럽을 섬겨주셨던 유승대 목사님, 17년 코스타로 함께 동역한 유임근 목사님, 늘 환한 미소로 격려해주시고 유럽을 섬겨주셨던 이기용 목사님, 유럽의 영혼들을 위해 말씀과 기도로 섬겨주셨던 임석웅 목사님, 사랑의 마음으로 격려해주셨던 한기채 목사님께 진심으로 감사드립니다.

중학교 1학년 때부터 혼자 도시에 나와 사는 것이 안쓰러워 먹여 주시고 재워주셨던 큰이모와 외삼촌 그리고 숙모님들께 깊은 감사의 마음을 전합니다. 늘 곁에서 챙기시고 살펴셨던 매도 삼촌과 숙모, 작은아버지께 감사드립니다. 지금의 요양병원을 소개해주시고 부모님들을 돌봐 주신 친척 형님과 실장 누님, 목포와 광주의 형님과 누님들에게 감사드립니다. 독일에 있는 형 때문에 비어있는 고향집을 돌보며 매달 간식을 병실에 넣어주고 친아들처럼 설과 추석, 생일과 휴가 때 매번 방문하고 찾아가 준 동생 오태훈, 오태준에게 마음 다해 고마움을 전합니다.

방세 낼 돈이 없어 신세를 지고 살아야 했던 신학교 시절의 친구들에게도 고마움을 전합니다. 제 젊은 시절 좌충우돌하며 사역했던 어린 목회자에게 기도와 말씀 붙들고 가르치며 영혼 사랑하여 전도하고 심방을 통해 어떤 마음과 태도로 사역해야 하며 기본기를 알려주신 윤수현 목사님, 안윤식 목사님, 정택 목사님, 이의호 목사님, 이규상 목사님과 최석진 사모님, 황명식 목사님, 김정봉 목사님께 감사드립니다. 한국과 독일에서 먹을 것, 입을 것, 쓸 것을 진심으로 마음 다해 베풀어 주셨던 김복철 목사님, 석인덕 목사님, 김희정 사모님, 김성수 목사님, 이미도 사모님께 머리 숙여 감사드립니다. 함께 도서관에서 공부하며 힘든 시기를 격려했던 정은상 목사님과 사모님, 김석주 목사님과 박송희 사모님, 전광병 목사님과 이윤미 사모님, 독일에서 만난 친구 안재중 목사님과 사모님께 감사합니다.

유럽의 디아스포라 한인교회에서 함께 짐을 지고 행복한 기쁨을 나누었던 유럽직할지방회 목회자분들께도 감사의 인사를 전합니다. 17년 동안 유럽의 어린이, 청소년, 청년들을 가슴에 품고 영혼들을 사랑하며 섬겼던 코스타 동역자들과 웃고 울며 뛰었던 코스탄들에게도 고마움을 전합니다. 힘든 시기에 사랑으로 위로와 격려해 주신 이탈리아 임윤산 목사님과 최미혜 사모님께 감사드립니다. 유럽에 대한 큰 사랑으로 매년 오셔서 어른으로 목회자로 어떻게 살아야 하는지 가르쳐주신 큰 나무 LA 코너스톤교회 이종용 목사님과 사모님께 큰 감사를 드립니다. 큰 형님처럼 기도와 마음 다해 섬겨주신 김창근 안수집사님, 강영선 권사님, 김경원 집사님, 김현숙 제자, 안규철 집사님, 이성기 안수집사님, 김지연 집사님과 딸처럼 자식처럼 부모님을 돌봐 주시고 마음 써주셨던 허일 장로님과 장영희 권사님께 진심으로 감사드립니다. 언제나 밝은 미소로 맞아주고 함께해 준 친구 이승현 사장과 이성한, 임성묵, 문학준, 이윤덕, 백승훈, 안성일 목사에게도 사랑의 마음을 담아 진심으로 고마운 마음을 전합니다. 아내를 늘 사랑해주시고 마음 써주신 최현숙 선생님께도 진심으로 감사의 인사를 드립니다. 독일 유학 생활을 끝내고 한국에서 기도하며 달력 후원으로 섬겨준 도르트문트성결교회 출신 제자들 김하은, 김진영, 이하영, 민선지, 유주안, 양라온, 이동현⋯등 수많은 친구들에게 고마움을 전합니다.

수년 동안 장학금을 지원해주신 해외장학위원회와 후원교회 목사님들과 유선장학회 박순영 목사님과 주희숙 사모님께 감사드립니다. 부족한 제자에게 조교 자리를 마련해 주시고 소논문을 쓸 수 있게 해 주셔서 생계를 지원해주셨고 박사 학위를 잘 끝마칠 수 있도록 격려하며 기다려주신 지도교수 Prof. Dr. Traugott Jähnichen 선생님과 아무 요구 없이 마음 다해 박사 논문 교정을 봐주신 Volker Sündermann-Gorland 선생님께도 머리 숙여 감사드립니다. 독일어를 전혀 모르고 독일로 온 아내와 세 아이를 도와달라는 부탁에 고민 없이 개인과외 선생님이 되어준 92세 Frau Sigrid Wahn 할머니께 진심으로 감사를 드립니다. 그 외 미쳐 기억을 놓쳐서 언급 못한 도움의 손길들에게도 아울러 감사드립니다. 모두 가슴과 두 손 두 팔 벌려 기쁨으로 환대의 손을 내밀어 주신 분들이었습니다.

끝으로 이 책을 빌어 대학원 때부터 도전을 주시고 지금까지 사랑해주신 지형은 목사님과 조은경 사모님, 부족한 사람 아우라 불러주고 사랑해준 김진오 목사님과 형수님, 돈이 없어 식사를 못하고 있었던 때 조용히 30일 식권을 가만히 주머니에 넣어준 황인석 목사님과 형수님, 큰형님처럼 아무것도 모르는 목회 초년병에게 삶으로 보여주시고 선교의 본을 보여주신 김석천 목사님과 김옥영 사모님, 복음과 제자에 대해 큰 도전을 주시고 가장 힘든 시기에 오아시스가 되어 주셨던 이찬규 목사님과 사모님, 늘 따뜻하게 맞아주시고 사랑하고 마음으로 섬겨주신 코스타 동지요 큰 나무 김만종 목사님과 사모님, 독일에 올 수 있도록 희망을 주시고 초기 어학을 할 수 있도록 도와주셨던 강안일 목사님과 사모님께 특별한 감사를 드립니다. 부족한 사람에게 큰 사랑과 따뜻한 심장을 나눠주셨습니다.

이 책에는 사랑하는 가족들의 희생과 인내가 기도로 담겨있습니다. 평생 기도하시며 사셨고 사랑만을 주셨지만 지금 요양병원에 누워서 콧줄로 식사하고 계시는 부모님 이현주 집사님, 오순심 권사님과 지금은 하나님과 함께 계시는 고 김태진 장인과 사위를 위해 늘 기도하며 사랑해 주시는 장모님 김문옥 권사님의 하루 하루가 평안하고 행복하며 강건하시길 기도합니다. 남편과 아빠 역할을 잘못한 것 같아 늘 미안한 마음뿐입니다. 25년을 함께 살며 사랑해준 아내 김수인과 어느덧 대학생이 되어버린 든든하고 대견한 첫째 아들 승찬과 재밌게 자신의 길을 가고 있는 막내 승우와 엄마 친구로 늘 조잘조잘 대화 나눠주는 예쁜 둘째 딸 지헌이가 있어 참 감사합니다. 이들의 미래가 기대됩니다.

기나긴 겨울이 지나고 이제 봄입니다. 이 땅의 교회에 엄마, 아빠들의 기도와 헌신이 되살아나 인생의 겨울이 오기 전 준비된 봄이 되길 바라며, 날마다 말씀과 기도로 살게 하시고 성령님의 인도하심 따라 여기까지 오게 하신 하나님께 모든 영광과 감사를 올려드립니다.

엄마의 하늘에
일기가 닿으면

초판 1쇄 발행 2024년 4월 15일
초판 5쇄 발행 2025년 3월 17일

지은이 이화정
펴낸이 이재원

펴낸곳 선율
출판등록 2015년 2월 9일 제 2015-000003호
주소 경기도 구리시 동구릉로 148번길 15
전자우편 1005melody@naver.com
전화 070-4799-3024   **팩스** 0303-3442-3024
인쇄 · 제본 성광인쇄

ⓒ 이화정, 2024

ISBN 979-11-88887-23-1   03230

값 15,000원